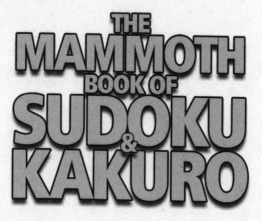

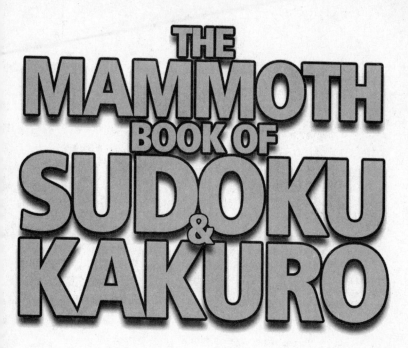

THE MAMMOTH BOOK OF SUDOKU & KAKURO

ALASTAIR CHISHOLM

WALKER & COMPANY

NEW YORK

Published by Walker Publishing Company Inc.
Distributed to the trade by Holtzbrinck Publishers

All papers used by Walker & Company are natural, recyclable products
made from wood grown in well-managed forests. The manufacturing
processes conform to the environmental regulations of the country of
origin.

Library of Congress Cataloging-In-Publication Data has been applied for

ISBN-10: 0-8027-1541-9
ISBN-13: 978-0-8027-1541-8

First published in the United Kingdom as
The Sudoku & Kakuro Challenge 1 by Crombie Jardine Publishing Ltd
First U.S. edition 2006

Visit Walker & Company's Web site at www.walkerbooks.com

Printed in the United States of America by Quebecor World Fairfield

2 4 6 8 10 9 7 5 3 1

INTRODUCTION

2005 will go down as the year that Sudoku hooked millions from all over the world.

Sudoku is an addictive numbers game which, as well as being absorbing, helps you escape from everyday stress.

The aim is to complete the puzzle – using only the numbers 1 to 9 - by applying logic (and patience) to work out which numbers go where. No mathematics is involved.

Each puzzle is a nine-by-nine grid divided into nine horizontal rows. When completed, every column, row and block of the puzzle will contain the numbers from 1 to 9 - with no repeats. To start the player off, every puzzle already has a few numbers showing. The easier the puzzle, the more numbers it starts off with.

The puzzles in this book are arranged into four levels, starting with the relatively easy Delicious level and graduating through the more taxing Pernicious and Malicious to the deadly Vicious. The only thing to do is to work your way through them and see how fast (and addicted) you become!

Good luck!

1

		8	6	7		3	4	
	2		1		3	7		5
3	7	5						
9			4		1			
4		1				9		6
			3		6			7
						2	3	9
2		9	7		4		5	
	5	3		6	9	1		

2

	7				8	5		
	1	8		2			7	4
6				4	3			
8		3		5			4	
	6	5	9		4	3	2	
	2			7		8		5
			6	3				7
2	4			1		9	5	
		7	4				6	

3

	3		5			8	7	
1				4				
5			9		2			
4		2	8	5		7	3	
	6	8	7		3	4	5	
	7	5		1	6	9		2
			1		4			7
				9				3
	4	9			5		2	

4

5	6		8	4		3		
		7		2				4
			9				1	5
2			4		9			7
6	4	3				9	5	8
1			5		3			6
3	5			7				
8				5		6		
		4		3	1		8	2

5

			8	7	6		1	4
	1							
8				4	9	5	3	7
3			2		5	8		
	4	5				9	2	
		2	9		4			6
5	6	1	4	9				2
							6	
4	3		6	8	2			

6

	9	3			1			
1				7				5
		8		2		1		9
7			2	5				6
	3	6	8		9	5	4	
8				3	7			1
6		4		9		8		
3				4				2
			7			6	5	

7

			9	8		1		6
8	2		6					7
6			2	7		4		8
	3		1					2
		5				6		
7					2		4	
3		8		2	4			1
4					9		5	3
1		9		6	8			

8

	2			3	6			
9		3		5		2		
	7			2	1		4	
6		4		9				
	3	2	5		7	6	9	
				4		8		2
	4		2	7			3	
		8		1		5		7
			8	6			2	

9

2		6		1	7			
	7	1		2		3		
	9			8				7
3			5		2			
6	5	4				7	2	8
			8		4			9
7				4			6	
		2		9		4	8	
			3	5		1		2

10

	4			6	9			
			1			3		9
	2	1		7	8	5		4
				4			1	
3		8	6		1	9		5
	5			9				
6		2	4	8		1	7	
4		7			2			
			7	3			9	

11

	5						7	
2		4			6		3	
			1	5	4	2		
	6	1		2	8	9		
		8				6		
		9	6	7		3	8	
		2	5	4	1			
	7		9			4		8
	4						2	

12

	7	4	2	9		1		5
9		5	8	6	4			
							9	4
						7		2
			3		1			
1		6						
6	9							
			6	8	9	5		3
5		8		7	2	9	4	

13

		2	5		1			6
1		8		9				
	3			8				1
			4	7	2	5		
	1		9		8		2	
		9	1	3	6			
5				6			4	
				1		9		7
4			3		5	1		

14

	4						9	
1				9	8			6
			2	7				1
9	5			8		4		
	8	6	3		9	7	1	
		2		6			5	8
8				4	7			
7			1	2				9
	9						7	

15

		5	9					3
4	2		1			6		
1		9			5	4		
9	1			2			3	
		3				7		
	7			4			6	2
		6	5			8		4
		2			7		9	5
8					2	3		

16

					7	9	8	
	2					1		
6			2	5			7	
	7			3			1	6
		5		2				
2	9			7			3	
	5			8	6			4
		3					2	
	6	1	9					

17

8				6				3
		7	4			5		
	2			5			8	
				2			3	
5		1	7		8	6		9
	7			9				
	1			3			9	
		6			9	8		
2				1				5

18

		6						
7	3	8			4			1
				1		6	9	
4					5	8		
	7		2		9		6	
		1	3					5
	1	7		8				
3			4			9	7	6
						5		

19

3			8	7				9
			2			6	7	
4								
	4		6	1		9	3	
1								2
	8	2		5	7		1	
								7
	7	3			6			
5				8	9			3

20

	3					8		
4	6			2		1		
9	8					5	4	
		5		7	9			
6								3
			5	6		7		
	1	3					7	8
		6		3			9	4
		9					1	

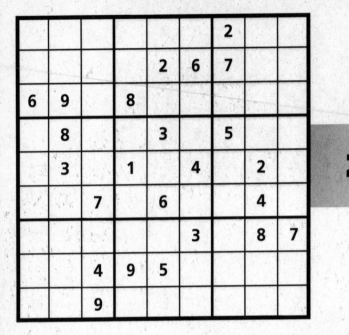

21

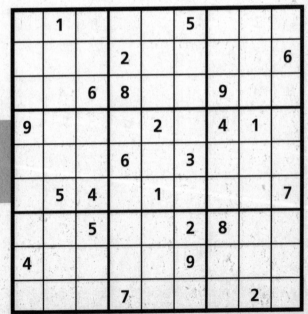

22

23

9				8				4
					1			
			9	7		3		2
	3	6			5	2		
		9	3			5	1	
1		5		9	2			
			7					
8				4				9

24

9								9
9			5					
		7		3	8	1		
		3	6		5		1	
		2				4		
	6		8		4	9		
		4	3	7		6		
					6			7
	5							

25

		2					7	
				9	6			
	3				7		2	5
	7			1		9		3
6		8		4			1	
2	1		3				8	
			9	6				
	5					4		

26

	9			1				
				6	3	4		
		5			8			9
	8	9	7					
	2						1	
					9	7	6	
6			8			3		
		1	4	7				
			3				2	

27

				9		7	5	
2						7	1	
8	7							
	8			5				
4			1		9			3
				8			2	
							9	2
		5	4					1
	3	8		6				

28

				2		4		
	8		6				5	
5					9			
		9	7		2		1	
4								2
	5		3		8	6		
			8					9
	1				6		7	
		4		7				

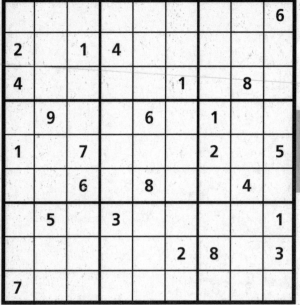

29

30

31

							7	
			3		4			1
	8			6	9			3
		7		3				5
			5		2			
3				8		9		
8			7	2			5	
2			4		6			
	9							

32

		2						
1		8					5	
			3	1		4	9	
6				5		7		
	2						6	
		7		9				4
	9	1		8	4			
	8					5		2
						1		

33

5			1		6			2
2								7
	1			3			4	
				9				
		7	2		4	6		
				5				
	8			2			3	
6								4
1			5		7			8

34

9							3	1
3	4				2		5	
				7				
	6			9				
		7	8		3	2		
				5			6	
				8				
	8		6				2	7
1	9							3

35

	5			7			3	9
		9		6				
			1			5		
		7	6				2	
		4				1		
	8				3	6		
		8			2			
				9		2		
1	4			3			8	

36

				7		8		
2	4			3				
1			4		6			
					7		6	9
		2				1		
8	1		9					
			5		3			7
				2			4	5
		6		8				

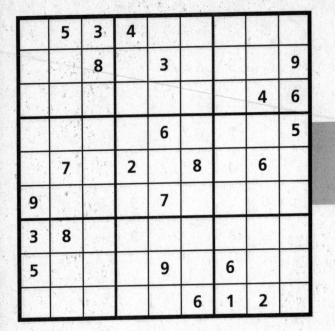

37

38

39

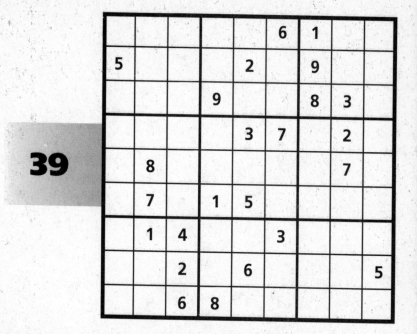

40

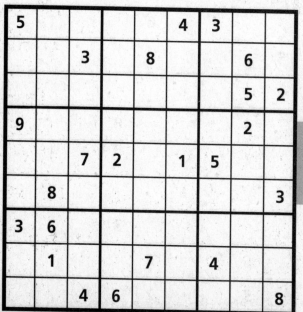

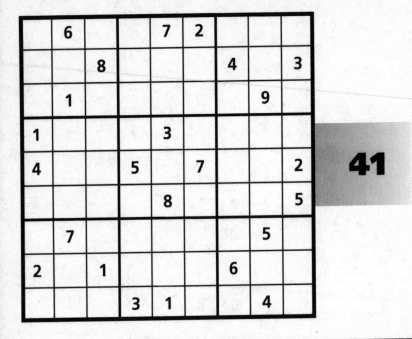

Level 2 – *pernicious*

43

	7			9				
	9				8	1		4
		2						
5				8			3	9
1								5
4	8			7				6
					2			
6		4	1				7	
				6			2	

44

		8				7		
			5					3
				1	6	9		
4			7				6	9
8								5
6	2		9					1
	5	2	7					
9			3					
		1				8		

45

			4	3				
8					2			
	5	7				6		
	1		9					8
3			8		7			9
5					1		4	
		4				9	7	
			6					3
				5	9			

46

4		7		3	5			
				2				5
3			1			7		
	7	6	9					
					2	4	1	
		5			3			6
1				4				
			6	8		3		9

47

				9			2	
4					3			
		8	5			1		
	2			1		3		
7			2		4			8
		6		7			4	
		3			9	8		
			1					5
	6			5				

48

					3			
		1	2	4		5		
	5						8	
9				2			7	
	8		9		1		3	
	4			7				9
	3						4	
		2		9	5	8		
			6					

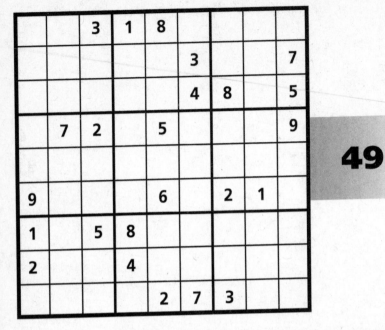

49

		3	1	8				
					3			7
					4	8		5
	7	2		5				9
9				6		2	1	
1		5	8					
2			4					
				2	7	3		

50

		1				5	4		
6	8						7		
3				4		6			
	7						1		
				1		2			
		5						9	
				7		8			6
		9						8	5
		8	2				9		

51

9						6	8	7
		4						9
		7		1				
		3	1	4				
	7						3	
				5	6	9		
				8		3		
1						5		
2	8	6						4

52

5				9		6	8	
		8	6		3			9
			7					
			3			4	5	
	1	7			8			
					5			
4			2		6	1		
	9	1		3				7

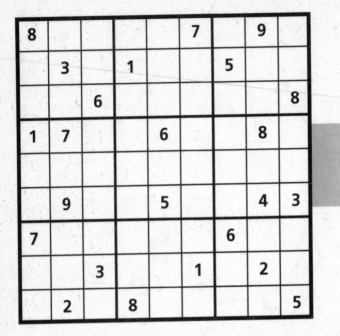

53

8					7		9	
	3		1			5		
		6						8
1	7			6			8	
	9			5			4	3
7						6		
		3			1		2	
	2		8					5

54

		5		1			2	
3							5	
		7	8					3
			4	6				
	6	9				8	4	
				2	9			
8					4	5		
	2							1
	1			7		6		

55

	7	5			9			
			1		6			5
		8					1	
5				1		9	6	
	4	6		7				8
	2					6		
9			8		3			
			2			3	7	

56

3								6
				9	5			
	9	1					2	7
		5		2	4	1		
		4	9	8		6		
2	1					5	8	
			6	4				
8								3

57

5				6				
1			2		7	6		
		2		9				
2			4				5	
6								8
	3				8			9
				2		3		
		5	9		3			2
				4				1

58

58					5	7		9	
	7							5	
		1	2					4	
	8				1				
	2			9		3			6
					8				4
			9				2	4	
			7						8
		5		1	3				

Level 2 – *pernicious*

59

1	2							5
				7				8
			8		3			
		4		6		9		
	8		7		1		2	
		5		3		6		
			2		4			
4				5				
6							1	9

60

		5					3	7
	8		4					6
		9				1		
			3	6		4		2
1		6		7	2			
		2				5		
7					1		4	
9	5					2		

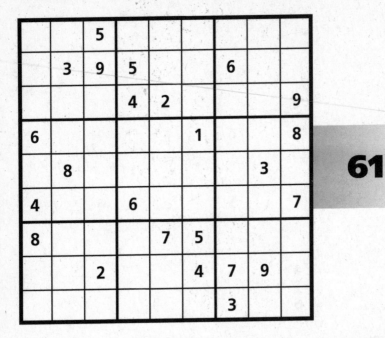

61

62

Level 2 – *pernicious*

63

	6			8				
	1				5		3	6
			3					
	3		4		1	8		
9								5
		2	5		7		4	
					6			
1	7		8				9	
				5			7	

64

					1			2
				7		8		
8			5			6		3
	6	9				4		
			4		5			
		3				7	1	
9		1			7			5
		4		8				
3			6					

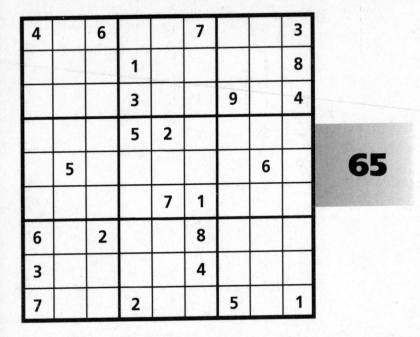

65

66

67

				3				
			2			5		
	2	4		8	1			
1		6						2
		8	7		5	6		
5						8		9
			8	4		7	6	
		1			9			
				7				

68

				6	9			
			3			8		
	1			2				
3			2		5		9	
4		8				7		5
	9		1		8			3
				1			2	
		5			4			
			7	3				

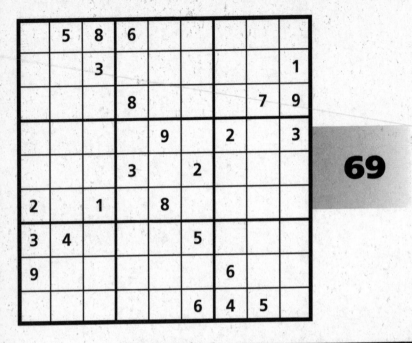

69

	5	8	6					
		3						1
			8				7	9
				9		2		3
			3		2			
2		1		8				
3	4				5			
9						6		
					6	4	5	

70

			1	3	4		6	
							8	
	5			2				9
				2	5	1		
1								7
	8	9	4					
9				7			4	
	6							
	7		2	5	8			

71

							1	
8		3				2		
	1		2		4		9	
		2		6		7		
			5		9			
		4		8		6		
	4		1		3		8	
		6				5		3
	3							

72

4				7				6
	6						3	
			8		6			
		8		5		2		
	5	3				9	1	
		9		2		6		
			3		4			
	1						5	
7				9				8

73

4				5				7
	3				4	9	5	
	7							
	6		1		2			
7								8
			8		5		2	
							1	
	1	6	5				9	
8				9				4

74

1								9
		8	4	7				
		2				6	4	
			2		8		5	
	2						9	
	5		3		6			
	6	1				7		
				8	9	1		
7								5

75

	2							
		8	5			4		
	9			3	2			
3			4	1				6
		5				8		
9				2	7			4
			6	7			1	
		6				8	7	
							5	

76

8	3					1		9
			4					7
1					2			
		2		6			4	
			7		1			
	7			5		6		
			9					2
4					8			
6		9					3	8

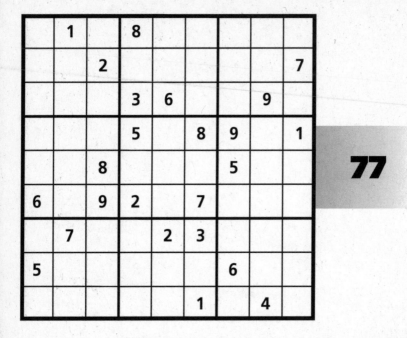

77

78

79

			4	5		7		
		4	8					
7							9	
			6		2		3	4
3								1
6	9		5		3			
	1							8
					5	6		
		7		8	9			

80

			6			4	5	
5	1			8			9	
4								
			5					1
	6		7		1		4	
8			9					
								6
	3			2			7	8
	5	7			3			

81

7	2							9
			2	3		8		6
	9							
				4			1	
	7		6		1		9	
	4			5				
							4	
2		3		6	7			
9							8	3

82

4	1				6				5
							3		9
	7					3		
		5		7				
8			1		9			6
				5		8		
			6				3	
9		4						
5				2			7	1

83

	7					4		
8			4	9				
		2			5	7		
				6		5		
1			2		3			8
		6		1				
		4	9			3		
				7	8			5
		1					2	

84

				8	7	4		
	9						8	
7		5				9		
8				6				
3			7		4			9
				1				5
		4				3		6
	6						2	
		3	1	2				

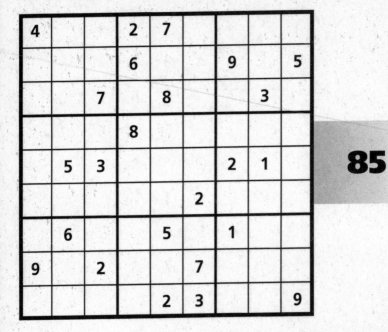

85

86

87

						9		1
	8			7	3			
		4	6	5			7	
					9			3
		6				5		
2				1				
	3			9	5	4		
			8	6			1	
4		8						

88

	8						9	
7	9						2	4
			6		1			
		7		6		1		
			5		8			
		8		3		7		
			3		5			
4	5						1	3
	3					6		

89

	6							
		4		2		1		7
	8				9		6	
		3		8				
	4		6		7		1	
			5			2		
	2		9				4	
8		5		7		3		
							9	

90

				6				4
			7		4	8		3
1					5			
8				9			1	
		2				6		
	3			5				7
			8					1
6		7	5		2			
2				4				

91

		7			1			
6				4			1	3
	5			8				
		9					2	
	8		9		2		3	
	4					6		
				6			9	
5	1			2				7
			7			8		

92

				3			5	8
			2	8		6		
9	5							
		4			7	1		
	7						3	
		6	1			9		
							6	1
		9		5	4			
4	8			7				

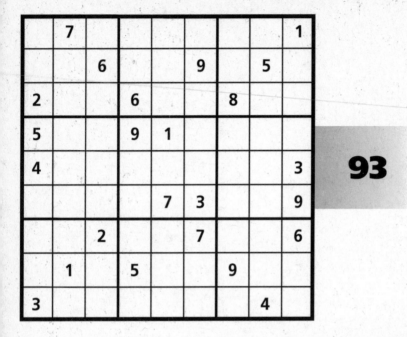

93

94

95

9				4			1	
4			1					
8					6		3	
		5	7					
	6	1				3	5	
			3	9				
	5		9					6
					8			3
	9			2				7

96

	6	1	7				4	
4						5	2	6
9								
8			6					
		5				1		
			3					9
								2
3	1	6						7
	9				5	6	3	

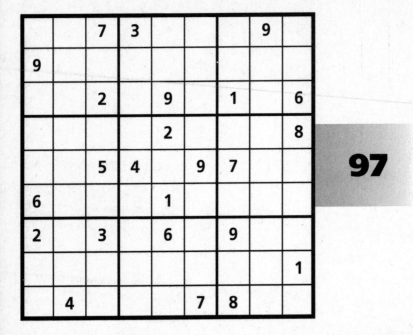

97

98

99

					5	7		
			4	7				
9		6				2		
7				6			4	
	3		1		8		2	
	5			2				8
		4				3		2
				8	2			
		5	9					

100

		4		6	7		5	
			9					4
3	1							
					8	1		
7		3				9		8
		2	4					
							2	1
5				2				
	9		6	8		4		

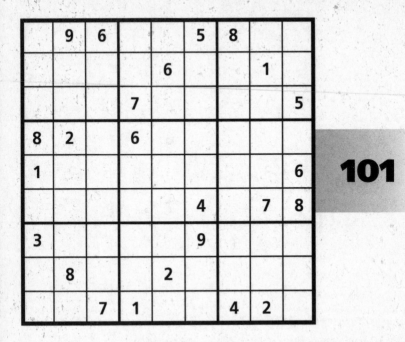

101

102

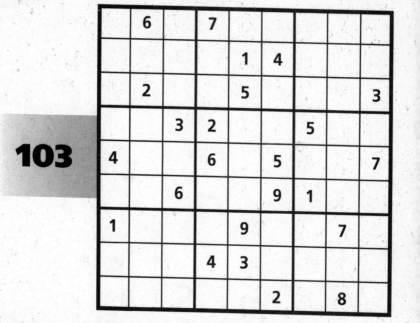

103

104

Level 3 – *malicious*

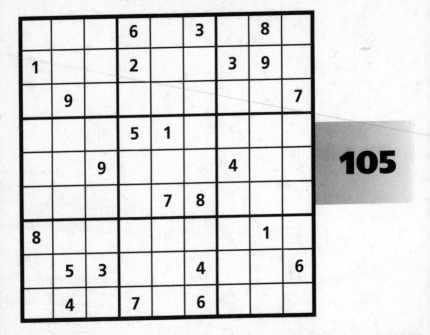

107

		6			2	1		
						7		
7	8				9			4
5		7		1				
			9		4			
				2		9		7
8			3				7	5
		4						
		2	1			6		

108

		4						
	5			9			8	
			8		1			9
		2		4		1		
	4		2		3		5	
		5		6		7		
1			6		7			
	9			8			7	
					8			

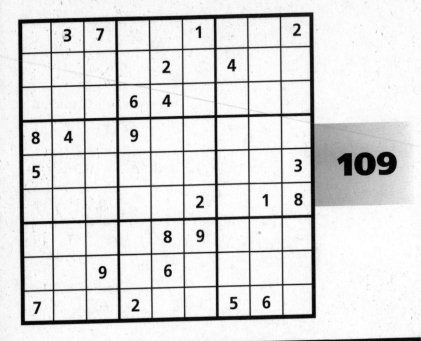

109

110

111

8							9	6
3			7	5				
					8			
		1		4			3	
	2		6		7		8	
	5			8		4		
			4					
				9	2			1
1	7							5

112

			8			9		
3							7	
	1	8	4	2				
	7			6			9	
		6				4		
	2			1			5	
			9	8	6	3		
	9							7
		1		3				

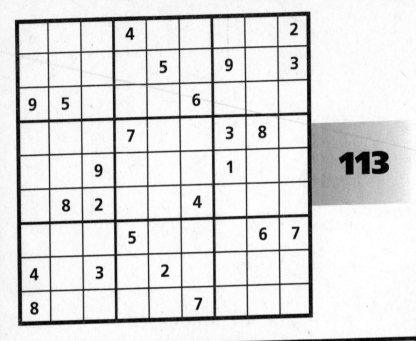

113

			4					2
				5		9		3
9	5				6			
			7			3	8	
		9				1		
	8	2			4			
			5				6	7
4		3		2				
8					7			

114

4			6					1
			7			2		
				9			6	
		3	2	5		4		
	5						2	
		9		8	1	7		
	4			3				
		5			8			
3					7			6

115

			1			9		
		2	5					
	3			8		4	7	
8	9			7		1		
		1		4			8	5
	5	6		2			1	
					1	7		
		9			3			

116

		5					9	
7						1		
	2		8	4				6
			3		5	7		
		8				3		
		7	2		6			
2				1	3		4	
		1						5
	4					8		

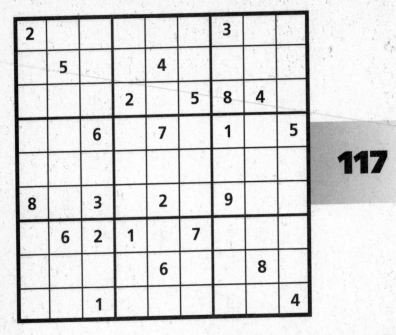

117

118

119

					3			
	4			9			6	7
	1				2			4
5			3					
4		9				1		6
					6			3
9			5				7	
2	8			6			5	
			7					

120

3		7		1				4
		2						
				2		8	9	
	4	6		5				
6							5	
		8		7	3			
4	3		7					
					6			
2			8		9		1	

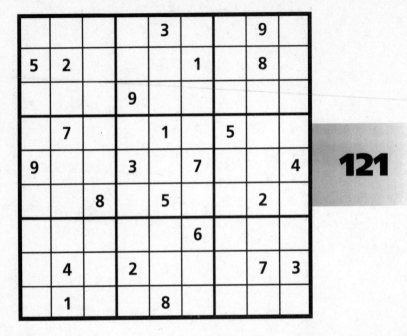

121

122

123

	2				3			1
8				5	7	6		
					6		7	
				4	2			8
5			8	7				
	4		1					
		1	7	2				3
6			5				9	

124

			3			1		5
				2	5			8
	7							
2		1	5					
	6	7				9	4	
					7	8		2
							3	
8			4	3				
1		3			9			

Level 3 – *malicious*

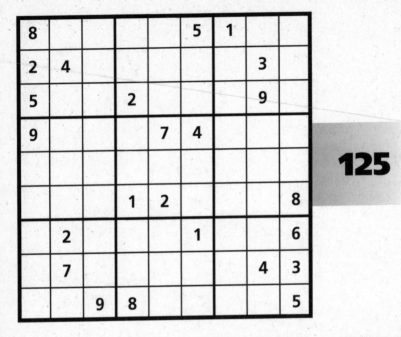

125

126

Level 3 – *malicious*

127

				5	1		3	
4						2		
	1		6					
6			4		7	9		
3								7
		9	8		5			1
					2		9	
		3						4
	2		5	7				

128

	5	3		6				
4					1	5		
	1		4					
2		6					7	
			3		5			
	9					8		2
					3		8	
		2	7					6
				9		1	3	

129

		1						
				9	8	4		
	2		7					3
	4			5		6		
	5		6		2		7	
		3		1			5	
5					9		4	
		8	1	3				
						2		

130

	7						5	
5								9
			5	2	6			
	3			1			4	
8		9				3		2
	5			8			7	
			8	9	3			
2								1
	8						6	

131

		9			1			
2					5			
5				8				1
8	2	7		1				
		6				7		
				7		2	9	3
3				9				5
			3					2
			4			6		

132

		8	4			3	5	
5	9							
7				6				
	2			5	9	7		
		5	6	1			3	
				2				9
							4	3
	7	4			8	5		

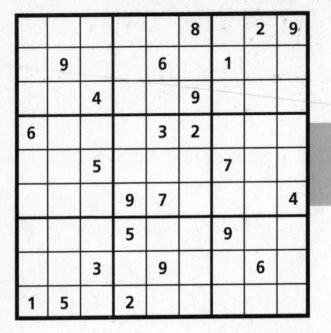

135

9			8					
				4				
6		3		5			1	
1			6				7	4
			7		8			
2	6				1			5
	4			6		3		7
			1					
					2			8

136

				7		2		
		8						
2			1		5		7	
		5	9		6	3		
6								4
		4	8		1	5		
	6		3		7			1
						4		
		3		2				

137

					2			
9		2		6		7		
			8		3			
	9					5		4
8			3		1			6
7		1					2	
		4		9				
		6		3		2		1
			8					

138

	1					7	6	
9				1	4			8
2								
	7		5		6			
	4						2	
			2		1		8	
								3
8			7	9				5
	5	4					9	

139

			*	5		8	1	
6	3						5	
5					2			
		2	4		7			
1								7
			6		3	4		
			1					9
	5						6	2
	9	3		4				

140

	4			3	5			
								1
		6			2	9		
3		2		8				
4			7		9			2
			4			1		5
		7	1			3		
5								
			8	9			7	

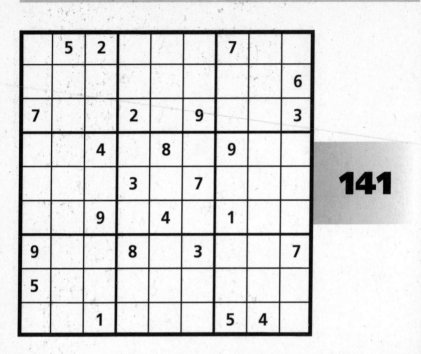

141

142

143

	9	2		3			6	
	7				1	8		
			2					1
		5	6					
		4				5		
				2	7			
3				1				
		6	3				4	
	5			7		9	3	

144

8				7				
	2			6		1	4	
				9				8
	6		4		5			
4								3
			6		8		2	
6			5					
	1	9		4			7	
				2				5

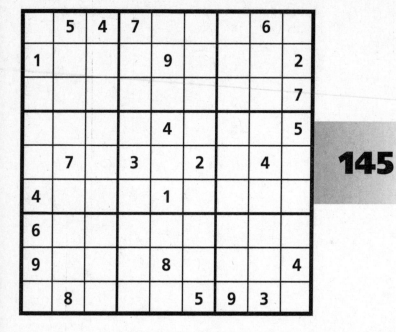

145

146

147

	9	3	1					7
					8			
		4		2		6		
9					5		8	2
6	3		9					1
		1		8		2		
			3					
4					7	5	6	

148

	3					4		
							6	3
		1		9	6			
	1		7				3	
8		5				7		9
	7				5		4	
			1	3		8		
6	2							
		4				9		

149

	9	6						7
			2		8	3		
1								
		4		7				5
8			6		3			9
6				2		4		
								3
		3	9		4			
2						1	8	

150

3		9						8
	7		4				6	
					6			5
		1		3			2	
			7		9			
	5			4		1		
7			8					
	2				5		1	
6						3		2

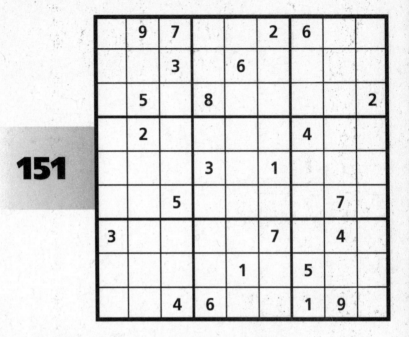

151

152

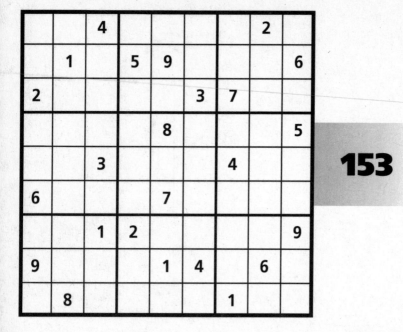

153

154

155

	2			8		3		
			3			5		7
5	8							
				6			3	
8			5		1			9
	1			7				
							4	1
2		7			6			
		6		4			2	

156

	9					7		
			2					4
			9	7		2	6	
				1		6		
4	2						3	5
		9		4				
	4	1		3	7			
3					5			
		8					5	

157

		9						
	2			8		6	1	
	3		4					5
				6		8		
	9		2		7		6	
		5		3				
1					9		4	
	4	8		1			2	
						5		

158

						9		
				6	8			
1		7	4			6		
	2		7		1	3		
	5						2	
		8	5		3		4	
		1			7	2		8
			2	3				
		4						

159

4		5			1				2
							6		
	3					4			8
		1		9					
8			4		7				6
				6		5			
7			8					1	
		3							
6				5		2			7

160

	8		9		3	6		
							7	
			7					4
	3		5					9
	1		2		8		6	
7					6		4	
6				8				
	9							
		1	6		4		5	

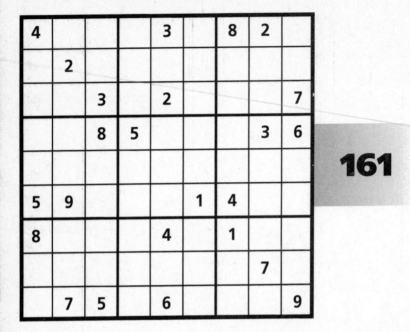

161

162

163

	8							
	7		4				2	1
		3			5	6		
		1		5			6	
			2		8			
	9			3		7		
		5	6			3		
7	4				1		8	
							7	

164

		9					8	
7					4			
			6	1				7
	8			3		5		
		3	5		7	6		
		7		9			1	
5				4	2			
			9					6
	1					3		

165

			1				8	
		7		4				
3	6		8			1		
1				2	9			7
4			3	8				9
		2			7		6	5
				9		2		
	4				3			

166

		9				4	6	
2					6	3		
5	7							1
	6			2				
			7		5			
				1			8	
4							9	8
		3	8					7
	9	1				5		

167

	8	2	1					
							7		5
	4				8				1
				2					6
		7	3		5	2		
3				9				
4				5			9	
9		1						
					7	8	4	

168

		8		1		9	7	
			2					
			5	3				2
			6		5			3
		4				8		
6			9		7			
5			8	7				
					4			
	3	9		6		4		

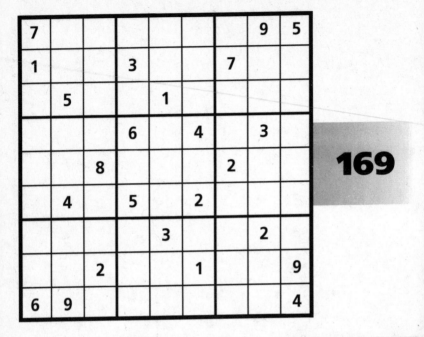

169

170

171

1					6			8
	4					9	7	
	6		5					
4				3		2		
			8		5			
		2		7				1
					1		2	
	9	3					5	
6			4					9

172

8		7	4					
	1			7			3	
					2		9	
	6			9		4		
5								3
		1		8			5	
	9		3					
	7			4			2	
					6	8		5

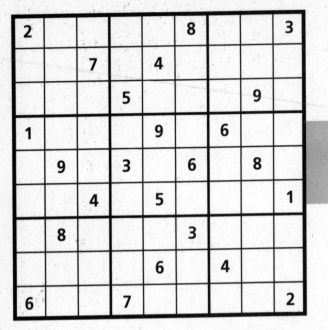

173

2					8			3
		7		4				
			5				9	
1				9		6		
	9		3		6		8	
		4		5				1
	8				3			
				6		4		
6			7					2

174

	8						1	
6			9					8
		1		3		5		
			3		4		6	
		5				9		
	2		1		7			
		9		6		7		
8					5			1
	3						2	

175

4								2
	1	7	9				8	
					7		6	
		5		3			9	
			6		8			
	8			4		7		
	3		5					
	9					3	8	2
5								6

176

2			5					
				3		6		7
		6		9		1		
		1		2			6	4
5	3		6			9		
		9		6		5		
7		4	3					
				8				2

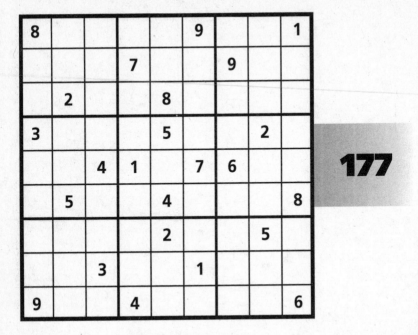

177

178

179

8		5						1
	2						8	
		1			6	4		3
		2		3				
			4		5			
				7		6		
5		3	1			2		
	6						7	
7						9		5

180

	4							
			4			1		
7		6		5	8			
9	1				7		2	
		8				9		
	2		6				7	5
			2	9		6		8
		1			3			
							4	

181

7			4					9
					3	2		
	8	1				5		
	9			5				2
			2		1			
4				3			7	
		5				9	2	
		7	6					
3					4			8

182

		2			9			6
5				2	7		8	
6					4		1	
4	5						3	8
	3		6					9
	9		3	7				5
1			5			4		

183

7			9				1	6
	4						3	
				6				5
		3	7	4				1
6				2	8	4		
2				7				
	1						9	
9	3				5			8

184

				7				
		4	8	5		7		
	1						2	
			3		5		6	
1	6						5	2
	5		2		8			
	4						1	
		7		8	9	3		
				3				

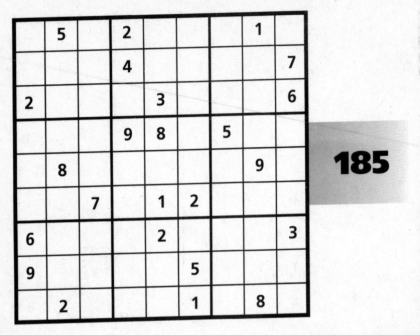

185

186

187

		7	1					
				8		3		
	3				5			6
		4		3				8
	2		9		7		6	
1				2		9		
8			7				1	
		5		4				
						9	4	

188

8					9		5	1
		6						
			4			8	7	
				8	1			
9	6						4	7
		3	2					
	5	2		6				
						9		
1	3		5					4

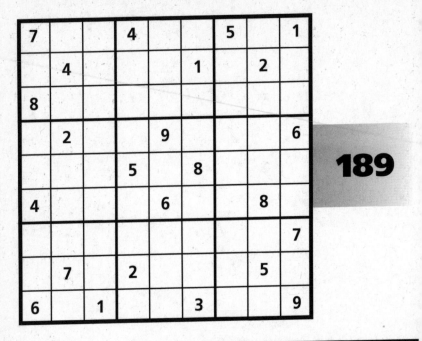

189

190

191

1		7				9		5
					6	1		
				3			4	
	4			6				3
			8		7			
8				2			5	
	3			8				
		2	5					
6		8				2		4

192

	6				5			
	7						6	4
		5		7		2		
3				4				
		2	3		9	8		
				8				9
		8		6		7		
9	1						4	
			2				5	

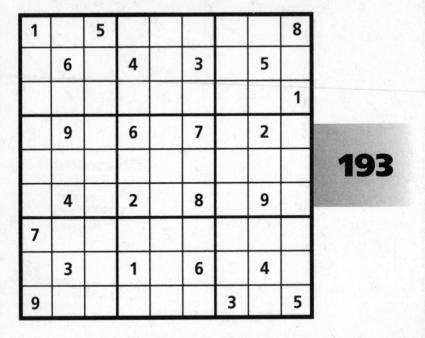

193

194

195

		6					5	
5						1	2		
	9				4				6
	3		8		2			
		1				6		
			7		9		2	
1				3			7	
		2	5					4
	4					3		

196

			3				7	
5	1					3	2	
	8				1			
		8		7				4
			5		3			
2				6		1		
			8				9	
	5	4					6	7
	2				4			

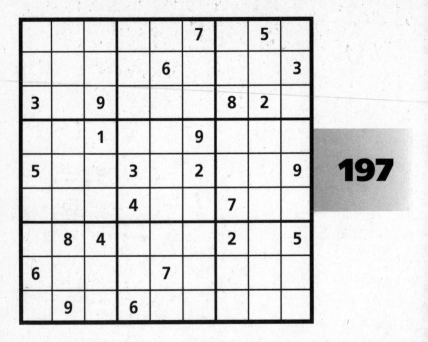

197

198

199

			8					
3	8					1		
	6	2			9			5
					3			4
	7		2		5		9	
6			1					
1			7			4	5	
		3					7	9
					6			

200

3		1	9					5
	9		7				6	
								3
			5		6		1	2
5	8		4		9			
7								
	6				3		9	
1					4	2		7

KAKURO – THE NEXT CHALLENGE!

Kakuro is the next fiendishly addictive and absorbing puzzle to come out of Japan, where hundreds of dedicated puzzle masters devote their lives to working out ways to reduce your productivity down to zero, and we guarantee – if you liked Sudoku, you're going to love Kakuro!

This book contains two hundred Kakuro puzzles, in four levels. We'll start you off with some easy Delicious introductory puzzles, and then work up through Pernicious, Malicious and finally to the hideously eye-watering Vicious.

WHAT IS KAKURO?

Kakuro is sometimes described as a 'number crossword'. This is an example puzzle:

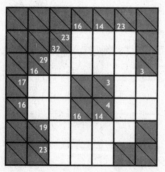

The puzzle is made up of blocks of white squares, running either in a row or a column. For example, along the top of the puzzle is a block of three white squares.

To solve the puzzle, you have to fill in all the white squares, following these three rules:

1. You can only use the numbers 1 to 9.

2. The numbers in each block must add up to the Target (the small number at the left of each row and the top of each column).

3. Each block can only contain each number once.

…And that's all there is. How hard can it be? The great thing about Kakuro is that, like Sudoku, there's only one solution, and you never have to guess (though you might be tempted!). And once you've mastered the Vicious Kakuro puzzles in this book, you can hold your head up with the pride that comes with knowing you can solve puzzles that are just as fiendish as Sudoku, *and* you can count!

HOW TO SOLVE KAKURO PUZZLES

The best way to learn how to solve Kakuro puzzles is to actually solve them, and in this section we'll take the first puzzle and work through every step. Here's the puzzle:

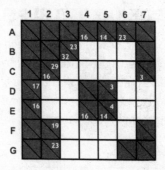

Although it's a simple example, the techniques you learn here will help you with every Kakuro puzzle you ever come across. Here goes!

COMBINATIONS

Kakuro puzzles are all about Combinations. For example, in the puzzle above, look at the block leading down from C3. It has five squares, and the Target is 32 (that's known as "**32-in-5**"). What combinations can fit?

Remember, a number can't appear twice in the same block – so for example:

9 + 8 + 7 + 4 + 4 = 32

Although it adds up to 32, it uses the 4 twice — no good. The valid combinations are:

9 + 8 + 7 + 6 + 2 = 32
9 + 8 + 7 + 5 + 3 = 32
9 + 8 + 6 + 5 + 4 = 32

How does this help us? And even if we knew the right combination of numbers, how can we work out the right order? Relax, and remember — *you never have to guess.*

32-in-5 is no use to us — too many combinations and possibilities to worry about. What we need is to find something a bit more useful. And fortunately these things exist, and we call them *Kakuro Blocks*.

THE MIRACLE OF KAKURO BLOCKS

Kakuro Blocks are special cases that have *one and only one combination*. When you see these blocks, you know there is only one possible set of numbers that fit, and all you have to do is worry about the order. Kakuro Blocks are lovely, and by the time you've finished this book you will see them in your sleep.

Here are some of them:

Target	Squares	Combination
3	2	{ 1, 2 }
4		{ 1, 3 }
16		{ 9, 7 }
17		{ 9, 8 }
6	3	{ 1, 2, 3 }
7		{ 1, 2, 4 }
23		{ 9, 8, 6 }
24		{ 9, 8, 7 }
10	4	{ 1, 2, 3, 4 }
11		{ 1, 2, 3, 5 }
29		{ 5, 7, 8, 9 }
30		{ 6, 7, 8, 9 }

There are more, for blocks with 5, 6, 7, 8 and 9 squares, but we'll worry about them later. For now these will be enough to get you started. Look out for these blocks in any Kakuro puzzle, and you'll almost always find your starting point – we'll show you how in a moment.

UNIQUE INTERSECTS

This is the first technique, and almost certainly the most useful. It works like this:

If two Kakuro Blocks cross a square, and they have only one number in common, then the value in that square must be that number.

Let's have a look at the puzzle:

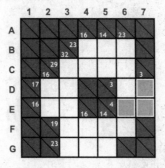

We want to find *Kakuro Blocks* (that is, blocks with only one possible combination) that cross. Block E6 Across is a Kakuro Block (it has a Target of 4 with two cells – what we call "4-in-2") and it crosses D7 Down, which is another Kakuro Block – 3-in-2.

This is great! Look back at the Kakuro Block list – 3-in-2 can only contain the numbers { 1, 2 } and 4-in-2 can only contain { 1, 3 }. The only number they have in common is 1, so where they cross (E7) the value in the cell has to be – 1!

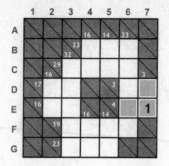

One down, 21 empty squares to go. Can you see any more Unique Intersects?

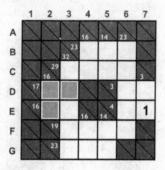

Here's another one. Block D2 Across (17-in-2) is a Kakuro Block, and so is D2 Down (16-in-2).

17-in-2 has only one combination: { 8, 9 }

16-in-2 has only one combination: { 7, 9 }

They only share one number in common, so where they cross – D2 – must be a 9.

And there are some more Unique Intersects:

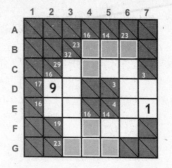

Here are two more cases, both with the same pair of Kakuro Blocks. In B4 Across, the block is 23-in-3 – that is, a Target of 23, with three cells. B4 Down is 16-in-2.

23-in-3 has only one combination: { 6, 8, 9 }

16-in-2 has only one combination: { 7, 9 }

They only share one number – 9 – and it has to be where they cross, at B4. We can do the same with blocks G3 Across and F4 Down, and when we do we can see we now have this board:

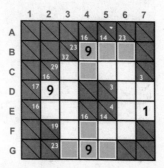

So far, so good. Let's fill in some of the blanks.

If B4 Down adds up to 16, and we have the 9, then the remaining square must be 7.

If D2 Across adds up to 17, and we have the 9, then the remaining square must be 8.

If D7 Down adds up to 3, and we have the 1, the remaining square must be 2.

If D2 Down adds up to 16, and we have the 9, the remaining square must be 7.

If F4 Down adds up to 16, and we have the 9, the remaining square must be 7.

Here we are:

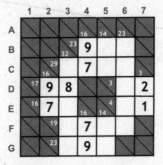

We're doing pretty well, and we can do more – now we've filled in some of the blanks, we can see where other values can go, like this:

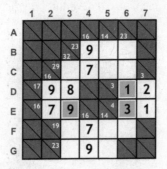

Unfortunately, that's the end of our free ride. We've found all the Unique Intersects, and we've filled in all the easy gaps. Now what?

LOCKED VALUES

A Locked Value is one that can only fit in one square. You've reduced the possible combinations for a block down to one, you *know* the value has to be somewhere in the block, and once it's locked, you know exactly where.

Look at block G3 Across in the board below:

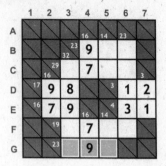

G3 Across is a 23-in-3 block, and the good news is, it's another Kakuro Block. There's only one combination that fits, and that's { 6, 8, 9 }. We already know where the 9 is, but where should the 6 and the 8 go?

Remember rule #3 – a number can't appear twice on the same block. With this, we know the 8 can't be in G3 – because G3 is also in block C3 Down, and that block already has an 8 in it.

So the 8 can't go in G3, and it can't go in G4 – it has to go in G5. We've *locked the value*. And once we've done that, there's only one space left for the 6 – G3.

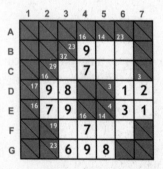

We're making good progress, but to finish the board we're going to have to be a bit clever. It's always a good idea to tackle the shorter blocks first, so we'll start with B5 Down, and a new tactic – *Reducing Combinations*.

REDUCING COMBINATIONS

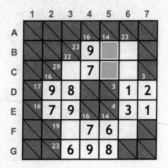

B5 Down (14-in-2) isn't a Kakuro Block, but it does cross one. In fact, it crosses two, and that's a good start. We've already looked at B4 Across, a 23-in-3, and we know it has only one combination – { 6, 8, 9 }. C3 Across is yet another Kakuro Block – with a target of 29 over four cells, the only possible combination is { 5, 7, 8, 9 }.

Armed with these facts we can reduce the number of combinations for B5 Down.

We know the block is a 14-in-2 – that is, it has a Target of 14, spread over two cells. The possible combinations are:

6 + 8 = 14
5 + 9 = 14

But can they both fit? Let's try them out. 6 + 8 could fit – the 6 could go on the top row, and the 8 underneath. But what about 5 + 9?

The 5 can't go on the top row, because we know the only combination for the top row is { 6, 8, 9 }. The 5 *could* go on the second row (C3 Across). But then the 9 would have to be on the top row – and we already have a 9 on that row... So no-go.

We've *reduced the combinations* down to one – { 6, 8 }. Better still, we even know the right order, because only the top row has a 6 in its combination. We can place both the values, like this:

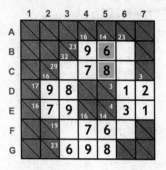

We're on the home straight now. B6 has to be 8, so we'll put that in. And we can put together what we've learned to solve the rest, like this:

C3 Across is a Kakuro Block with only one combination – { 5, 7, 8, 9 }, and the 9 is *locked* to square C6 (try to work out why)…

…Which leaves C3 Across with only one space left – C3 – so that must be where the 5 goes….

…Which leaves C3 **Down** with only one space left – F3 – and since the Target is 32, and the numbers already in place add up to 28, F3 must be a 4…

…And so F6 Across must be a 2…

…And the board is solved! Well done. Have a beer.

Here's the final, solved board:

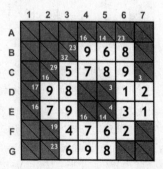

Piece of cake. Remember:

- A number can't appear twice in the same block
- You *never* have to guess
- Kakuro Blocks Are Your Friends.

MORE TECHNIQUES

You know the basics now, but here are some handy hints to help you when the boards get a little harder!

HIGHS AND LOWS

Earlier on, you learned about Unique Intersects – where two Kakuro Blocks cross and have only one value in common. That's all well and good, but how do you learn to spot these? And if they're not Kakuro Blocks, is there anything you can do?

Yes indeed. There's a good way to start looking for chances like these, and it's to think about the *Highs and Lows*.

Here's an example:

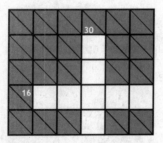

Two long blocks are crossing in this example; can you do anything with them? Well, you could memorise your list of Kakuro Blocks (and believe me, you will do!) but here's a trick in the meantime. 30 is a pretty high Target for 4 numbers – and 16 is a pretty *low* Target. That means they probably don't have many combinations between them. In fact, if you scribble down the possible combinations for 30 – go on, do it, I'll wait – you'll see that there's only one combination – { 9876 }. And when you try the 16 you'll see there's only one combination there, too – {12346}. The 6 is the only number they have in common – it's the *lowest* value in the 30-in-4, and the *highest* value in the 16-in-5.

Look out for blocks that cross where one block seems very high and the other very low, and you'll often see that they only have one or two values in common. Not only that, but it works for blocks that aren't Kakuro Blocks, too – have a look at this:

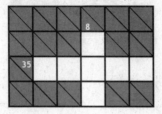

In this example there are two blocks, and only one of them is a Kakuro Block (35-in-5). But when you look at them, you should be thinking that 35 is a *high* number and 8 is a *low* number, and maybe they're worth investigating. When you do, you'll see that 35-in-5 has one combination – { 98765 } – and 8-in-3 has two combinations – { 125 and 134 } – but they only have one possible value in common – 5. It's the highest value you can have in an 8-in-3, and the lowest value you can have in a 35-in-5. So looking out for Highs and Lows will help you even when the blocks aren't Kakuro Blocks.

DIVIDE AND CONQUER

A block with five or more cells in can be quite daunting – it's bound to have dozens of combinations, and it's probably crossing other blocks that also have dozens. Where to begin?

One thing to remember is that once you've found one or more squares out of a block, you haven't just started to solve the block – you've reduced the number of combinations too, often by a huge amount. Keep an eye on partially solved blocks; count the remaining cells and the total those cells have to come to, and think of it as a smaller block 'inside' the bigger one. This can often make it easier to spot what to do next.

For example:

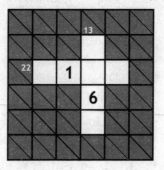

At first glance this looks pretty bad; there are no less than ten combinations of 22-in-4, and 3 combinations of 13-in-4 – that's a total of 30 combinations to try, and where's the fun in that?

But actually it's not too bad. We've already found a 1 in the 22-in-4, which means that we're really only looking for the other three values. If we think of them as a mini-block, we're actually looking for 21-in-3, and that only has three combinations – { 984, 975 and 876 }.

Also, we've found a 6 on the 13-in-4 block, leaving 7 still to get and only three squares to do it in – it's a 7-in-3 block, which is a Kakuro Block. It only has *one* combination – { 124 }. So now we're down to only three possibilities, and only one value that fits both blocks – a 4!

Now you know what to do, you've got hundreds of puzzles to sharpen your skills on. Have fun!

Alastair

www.kakuro-san.com

KAKURO BLOCKS – A HANDY LIST

In the introduction we showed you some of the most often used Kakuro Blocks – that is, blocks that have only one combination that fits. Here's the full list. Don't worry if you have to keep referring back to it – pretty soon you'll find you'll have memorised the whole lot, which will save time and make you look more intelligent and attractive to your friends and co-workers.

Target	Squares	Combination
3	2	{ 1, 2 }
4		{ 1, 3 }
16		{ 9, 7 }
17		{ 9, 8 }
6	3	{ 1, 2, 3 }
7		{ 1, 2, 4 }
23		{ 9, 8, 6 }
24		{ 9, 8, 7 }
10	4	{ 1, 2, 3, 4 }
11		{ 1, 2, 3, 5 }
29		{ 5, 7, 8, 9 }
30		{ 6, 7, 8, 9 }
15	5	{ 1, 2, 3, 4, 5 }
16		{ 1, 2, 3, 4, 6 }
34		{ 4, 6, 7, 8, 9 }
35		{ 5, 6, 7, 8, 9 }
21	6	{ 1,2, 3, 4, 5, 6 }
22		{ 1, 2, 3, 4, 5, 7 }
38		{ 3, 5, 6, 7, 8, 9 }
39		{ 4, 5, 6, 7, 8, 9 }
28	7	{ 1, 2, 3, 4, 5, 6, 7 }
29		{ 1, 2, 3, 4, 5, 6, 8 }
41		{ 2, 4, 5, 6, 7, 8, 9 }
42		{ 3, 4, 5, 6, 7, 8, 9 }
Any	8	Every block with 8 cells is a Kakuro Block
45	9	All the numbers

FIRST LEVEL – Level 1 – *delicious*

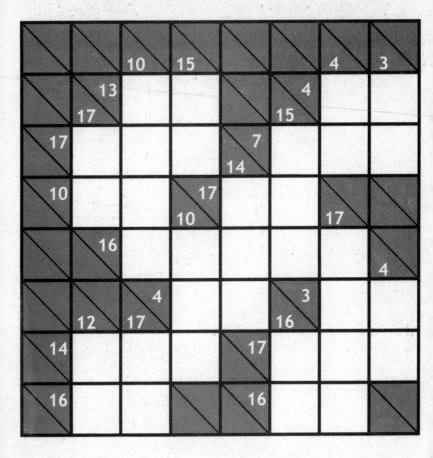

Level 1 – *delicious*

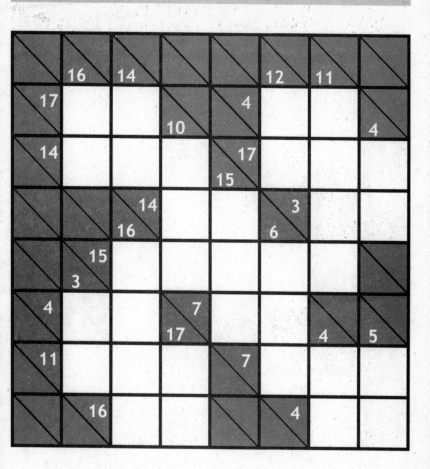

Level 1 – *delicious*

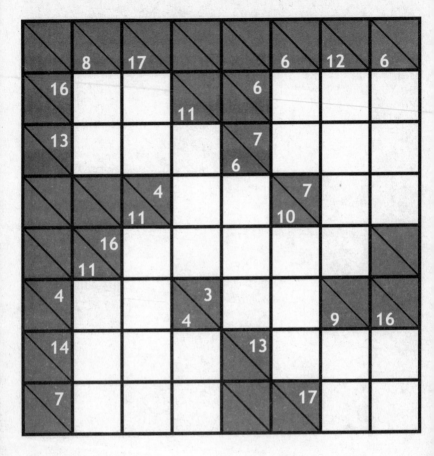

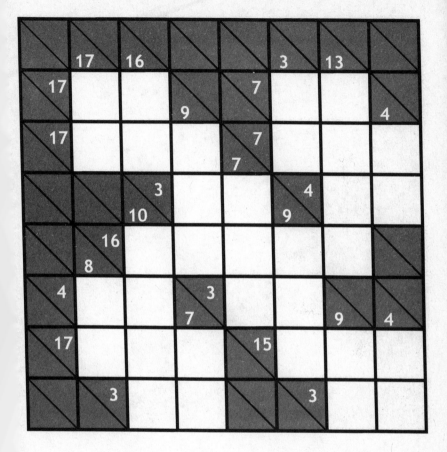

Level 1 – *delicious*

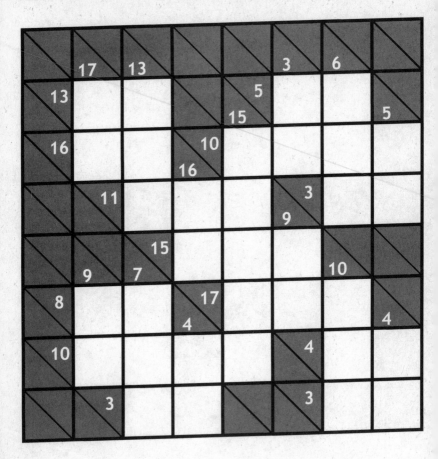

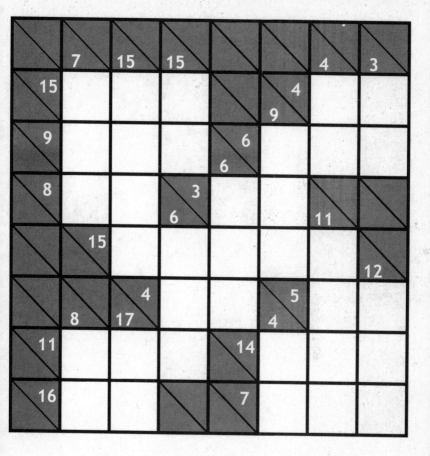

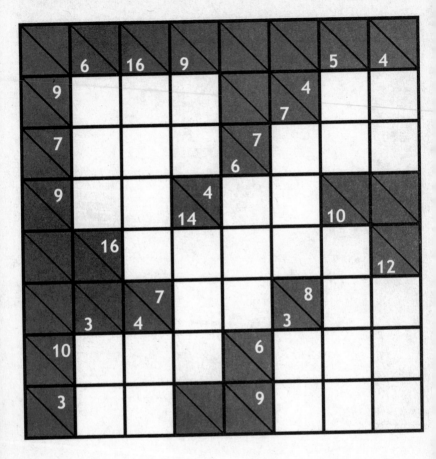

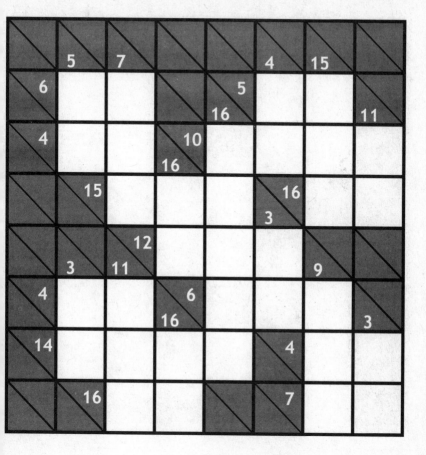

Level 1 – *delicious*

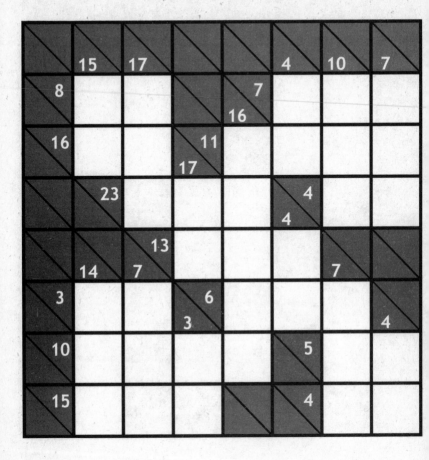

Level 1 – *delicious*

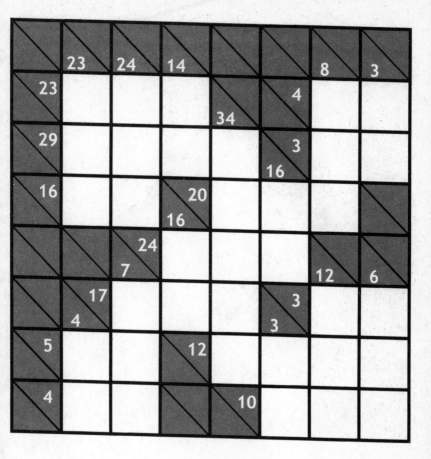

Level 1 – *delicious*

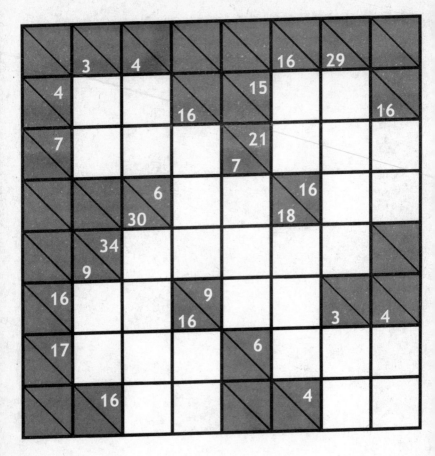

Level 1 – *delicious*

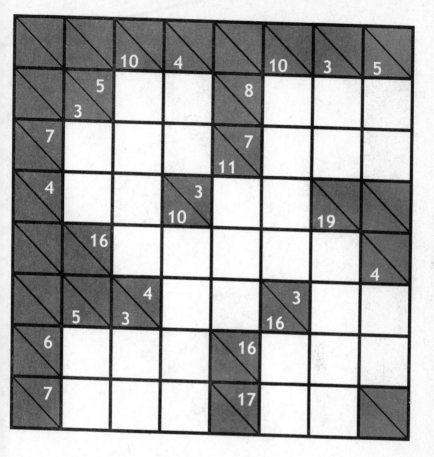

Level 1 – delicious

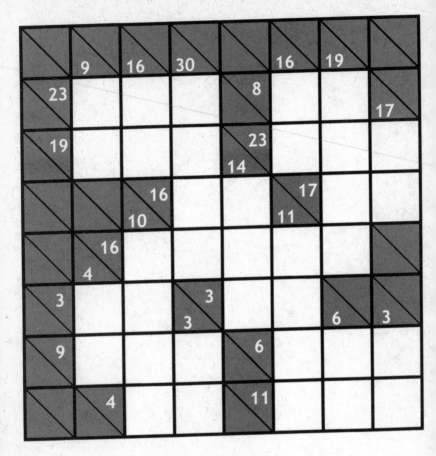

Level 1 – *delicious*

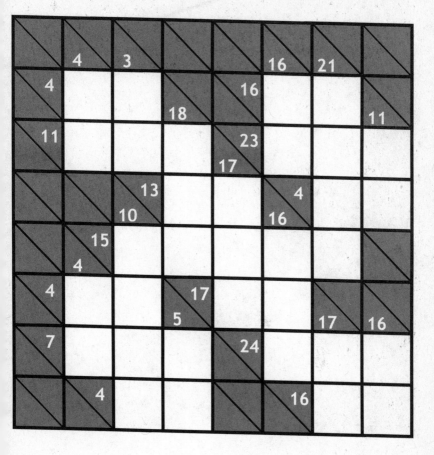

Level 1 – *delicious*

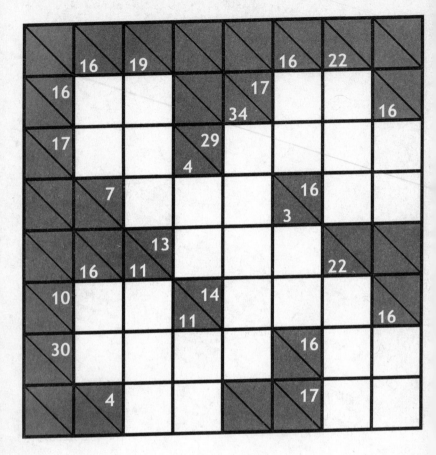

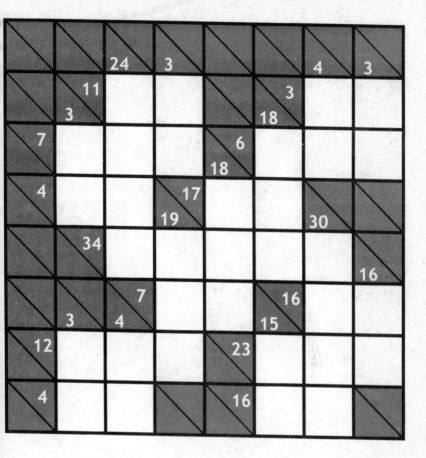

Level 1 – *delicious*

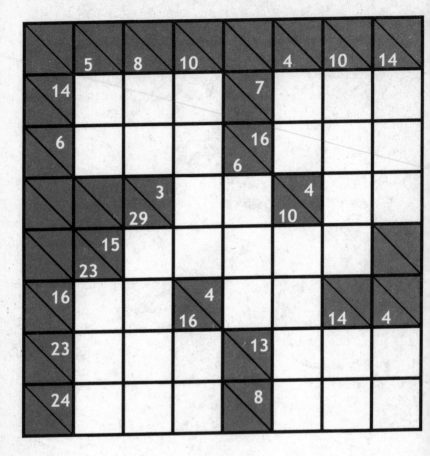

Level 1 – *delicious*

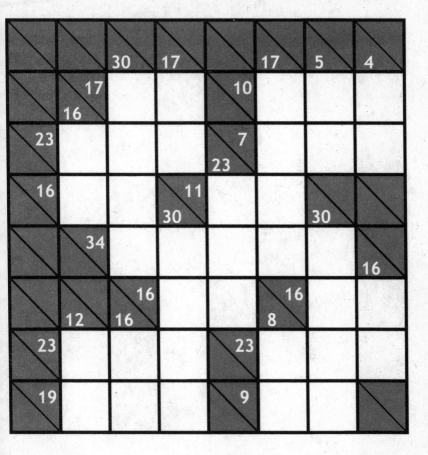

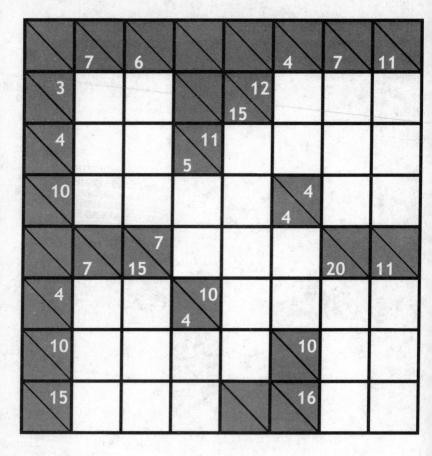

Level 1 – *delicious*

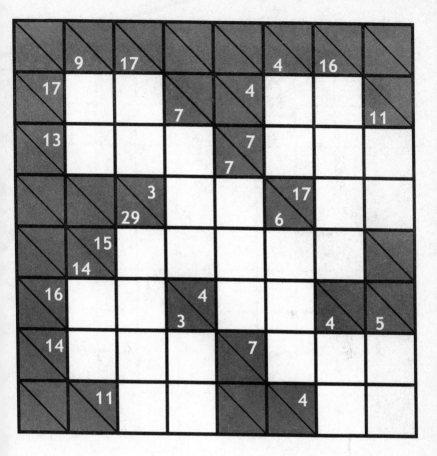

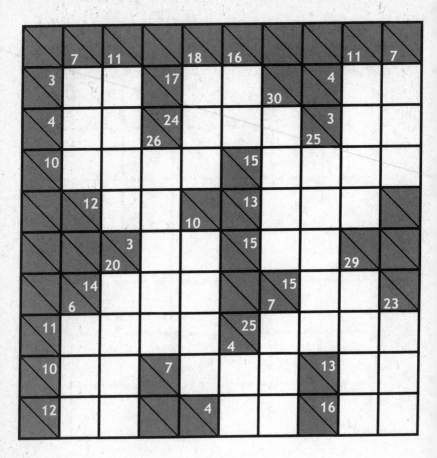

Level 2 – *pernicious*

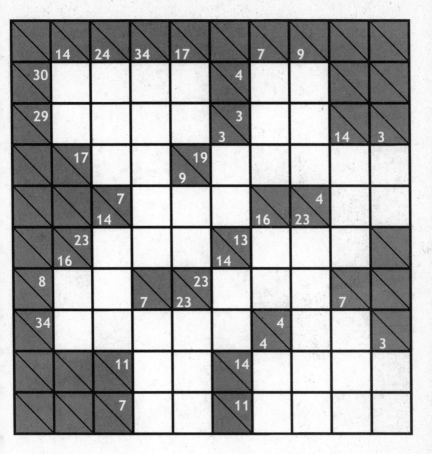

Level 2 – *pernicious*

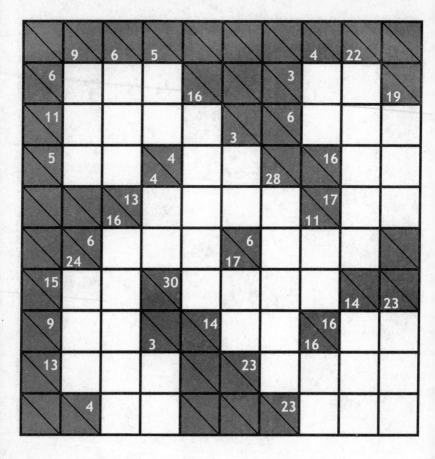

Level 2 – *pernicious*

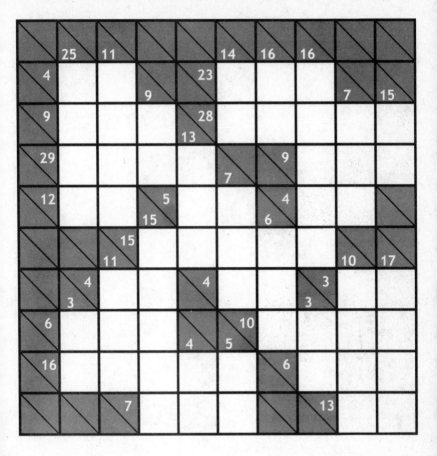

Level 2 – *pernicious*

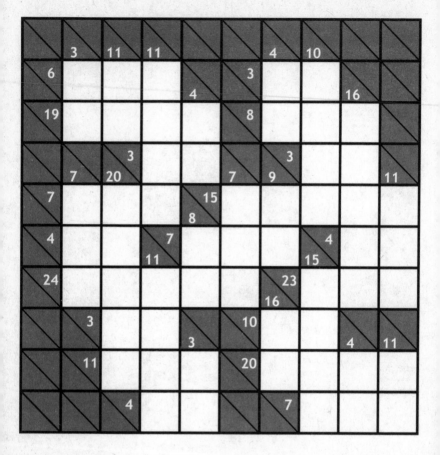

Level 2 – *pernicious*

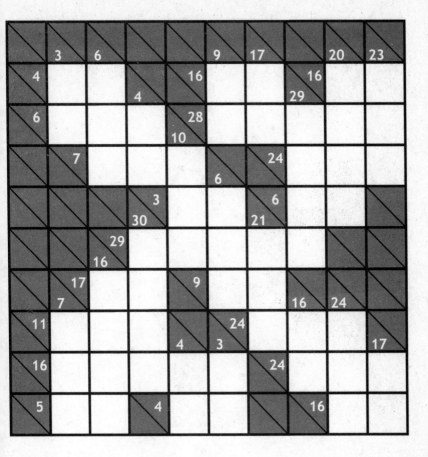

Level 2 – *pernicious*

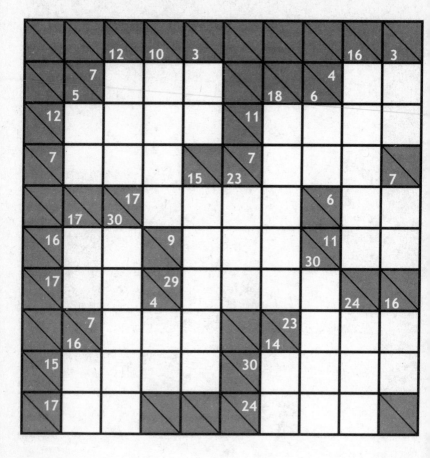

Level 2 – *pernicious*

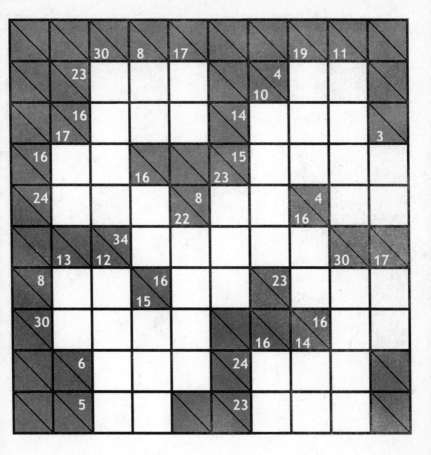

Level 2 – *pernicious*

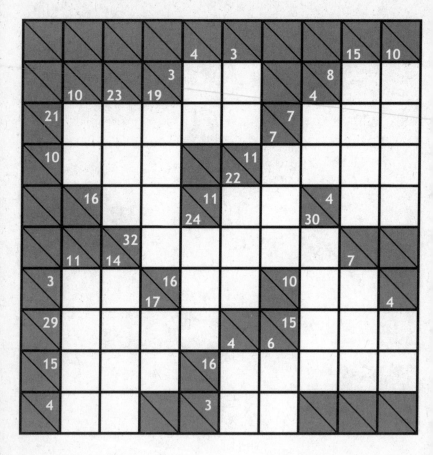

Level 2 – *pernicious*

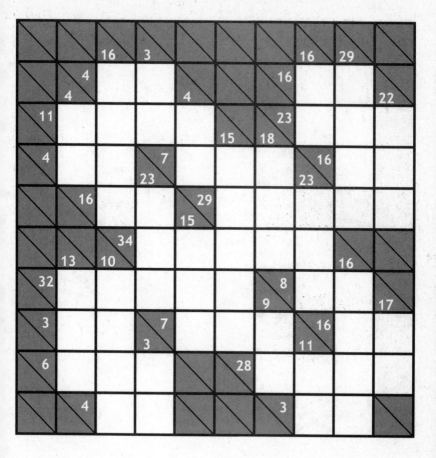

Level 2 – *pernicious*

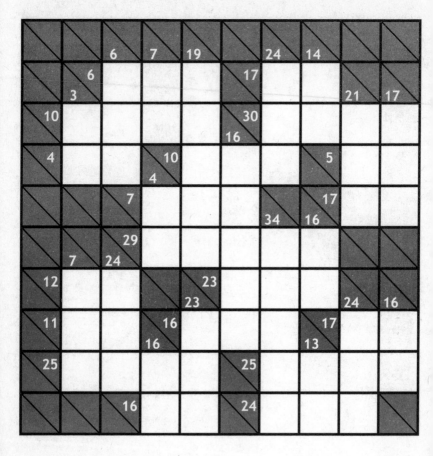

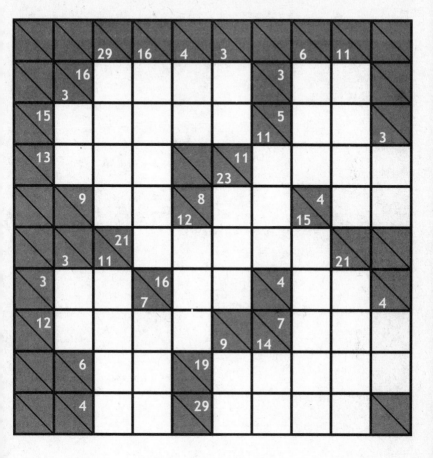

Level 2 – *pernicious*

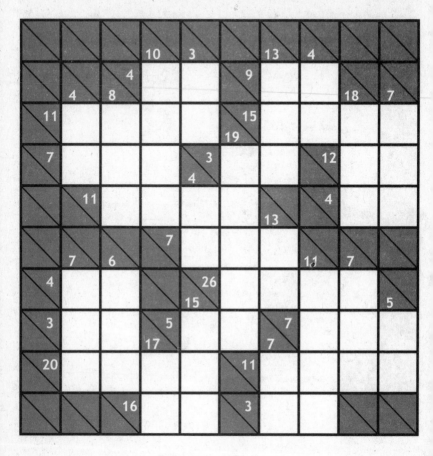

Level 2 – *pernicious*

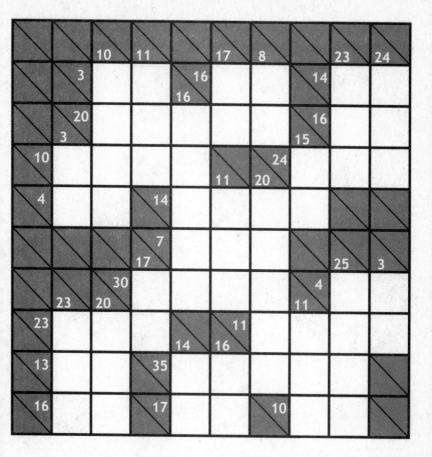

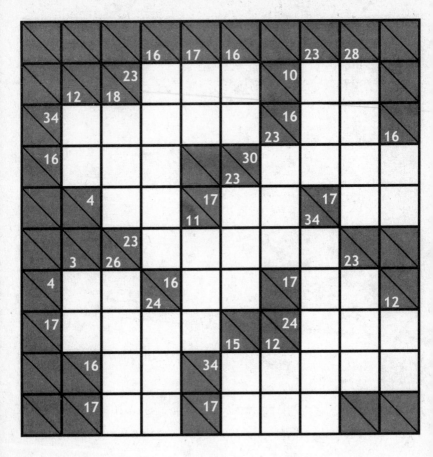

Level 2 – *pernicious*

36

Level 2 – *pernicious*

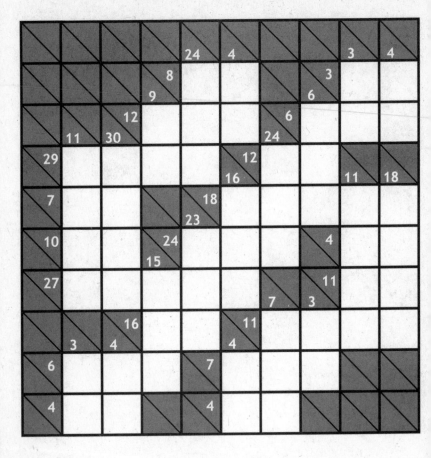

Level 2 – *pernicious*

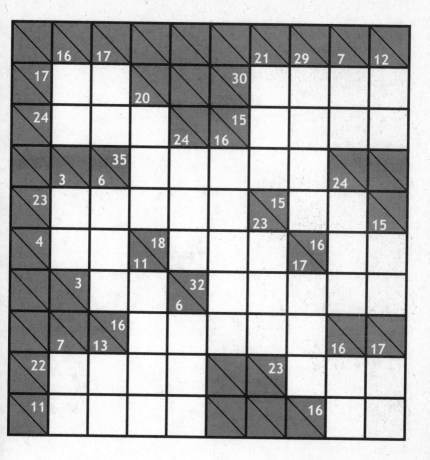

38

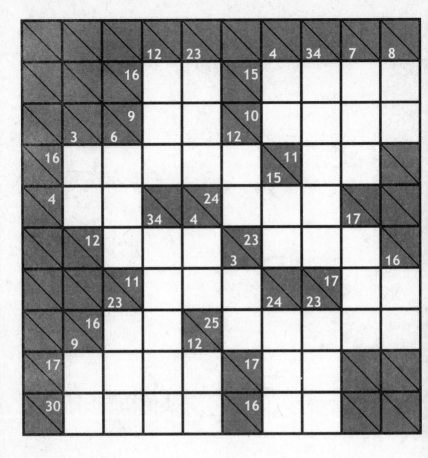

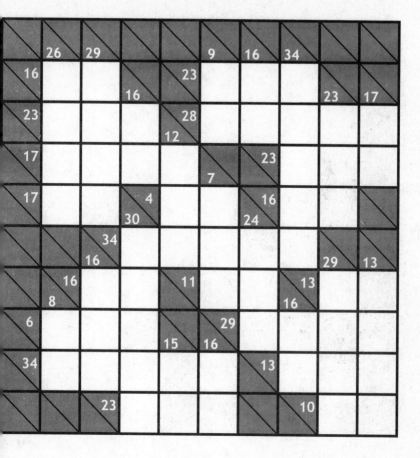

Level 2 – *pernicious*

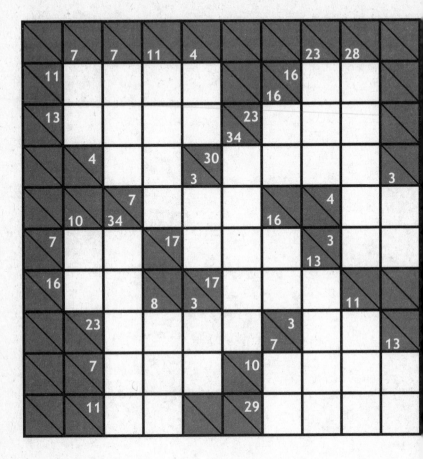

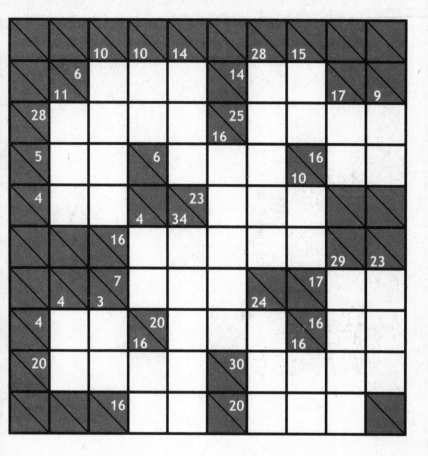

Level 2 – *pernicious*

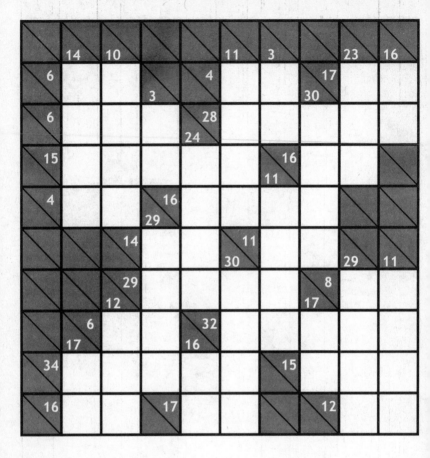

Level 2 – pernicious

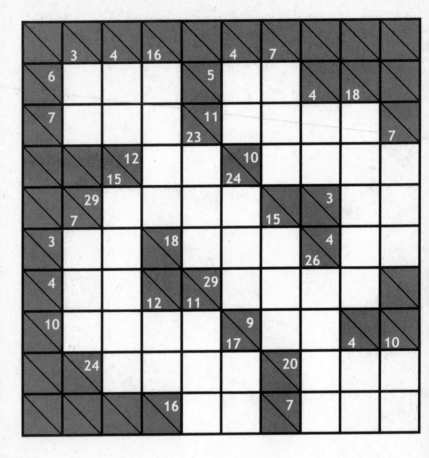

Level 2 – *pernicious*

Level 2 – *pernicious*

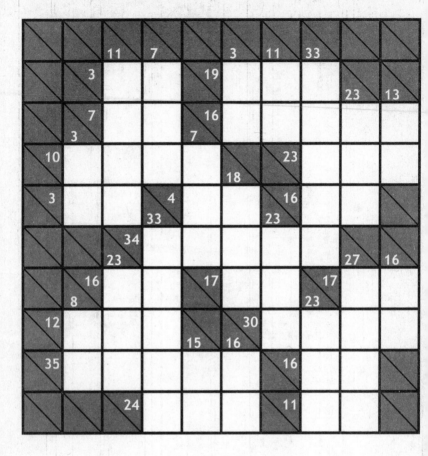

Level 2 – *pernicious*

Level 2 – *pernicious*

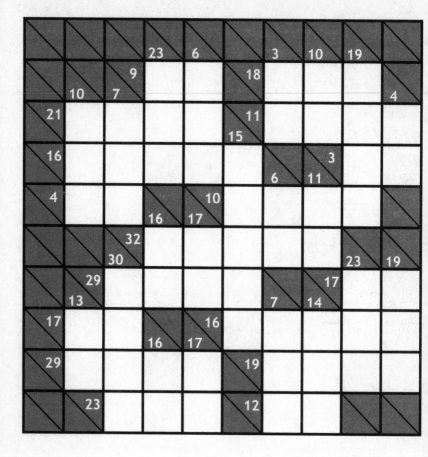

Level 2 – *pernicious*

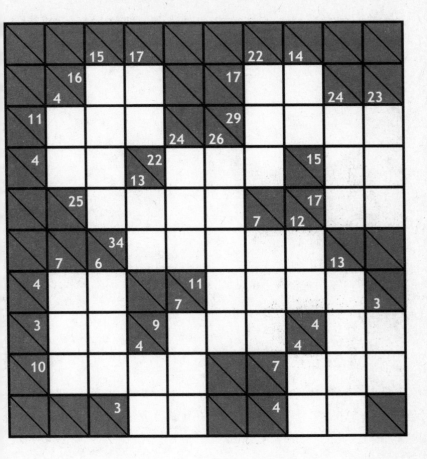

Level 2 – *pernicious*

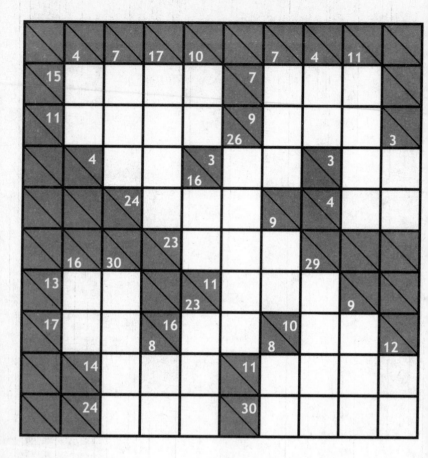

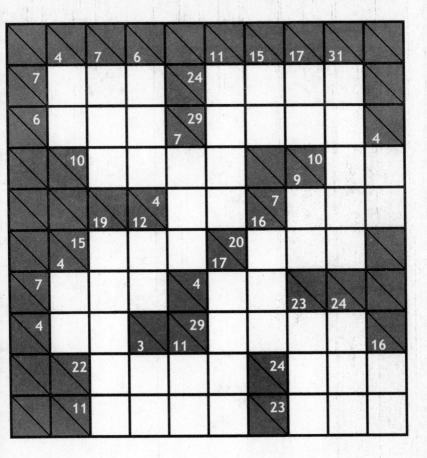

Level 2 – *pernicious*

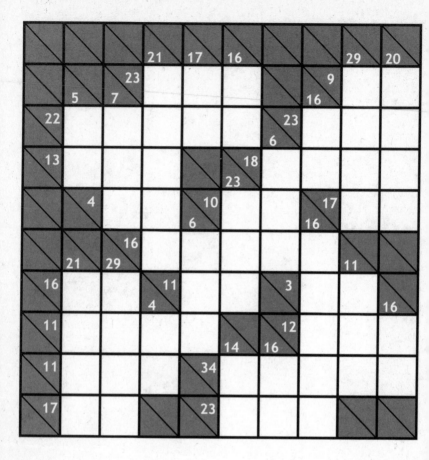

Level 2 – *pernicious*

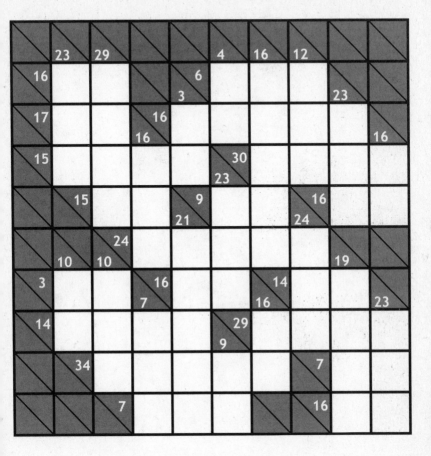

Level 2 – *pernicious*

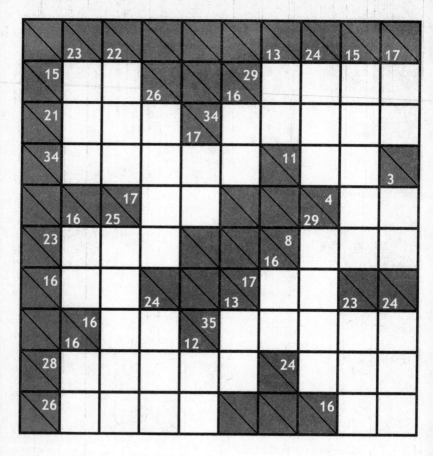

Level 2 – *pernicious*

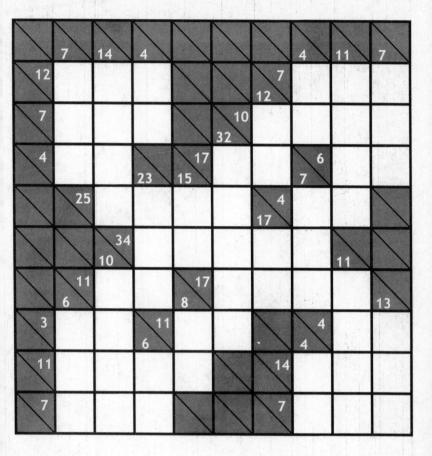

Level 2 – *pernicious*

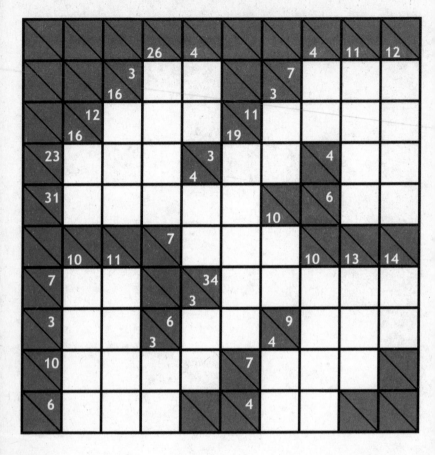

Level 2 – *pernicious*

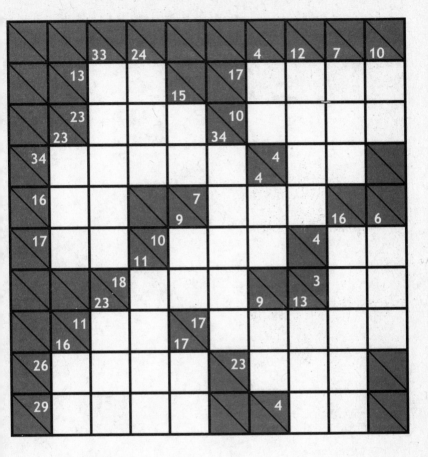

Level 2 – *pernicious*

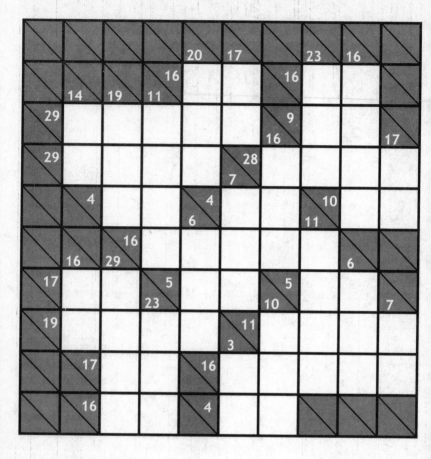

Level 2 – *pernicious*

Level 2 – *pernicious*

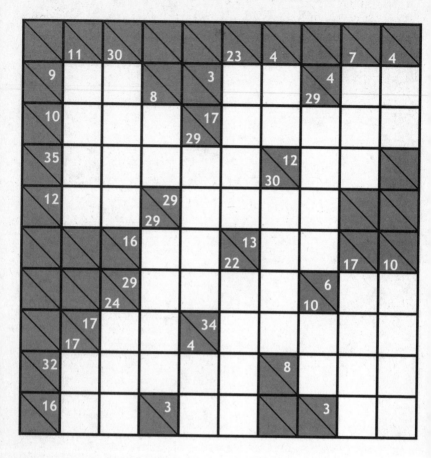

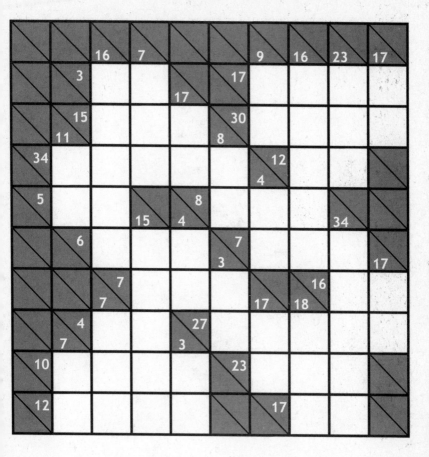

Level 2 – *pernicious*

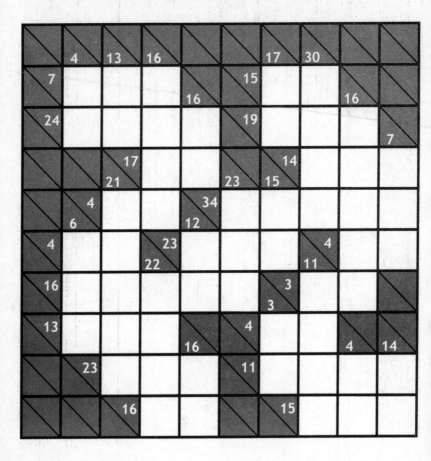

Level 2 – *pernicious*

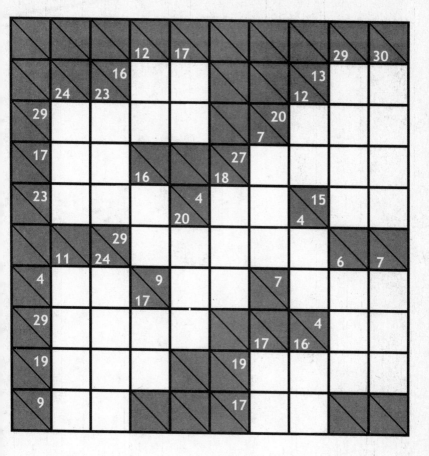

Level 2 – *pernicious*

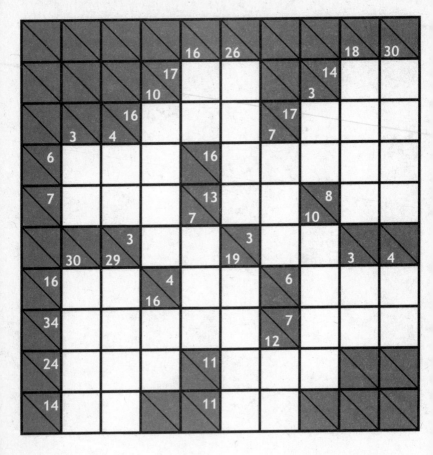

Level 2 – *pernicious*

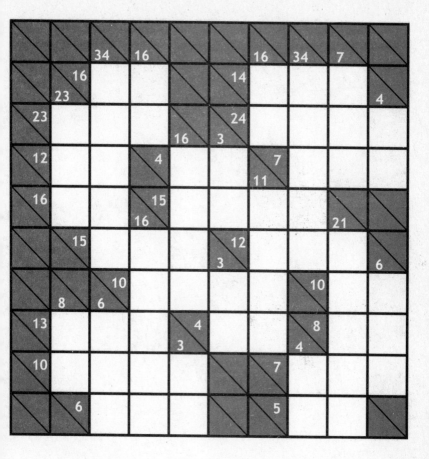

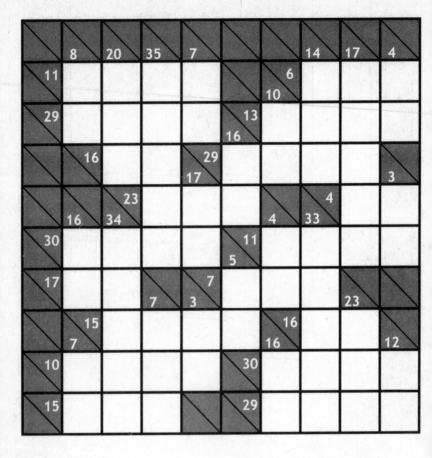

Level 2 – *pernicious*

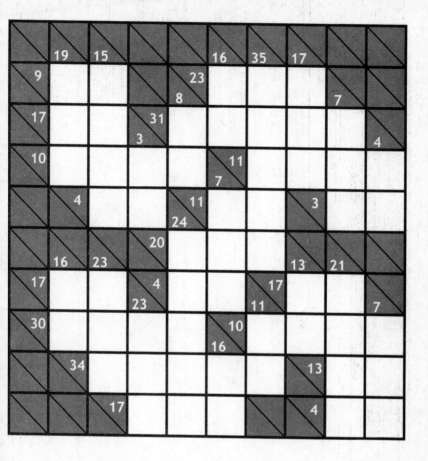

Level 2 – *pernicious*

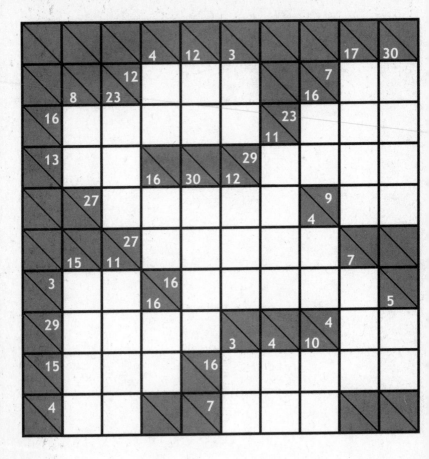

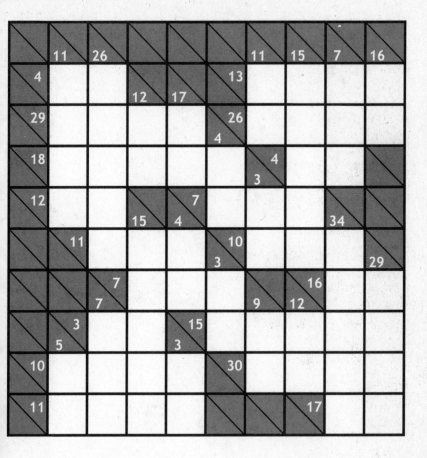

Level 2 – *pernicious*

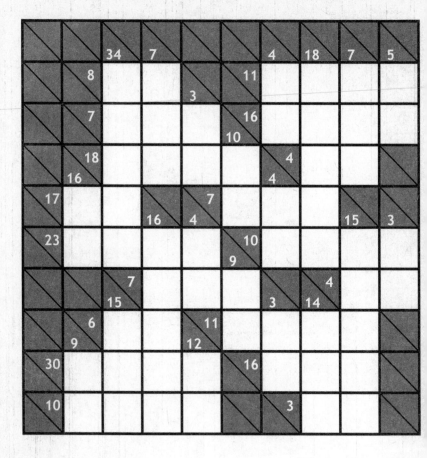

Level 2 – *pernicious*

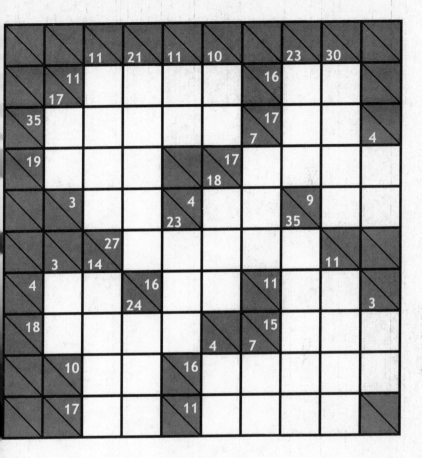

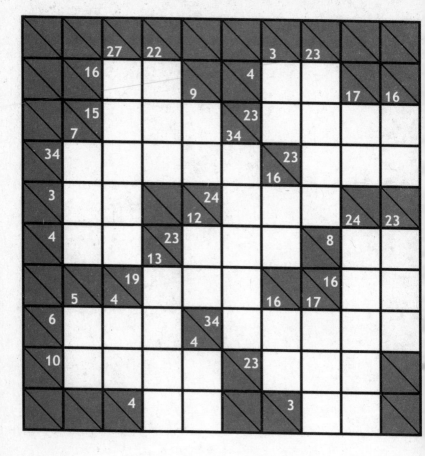

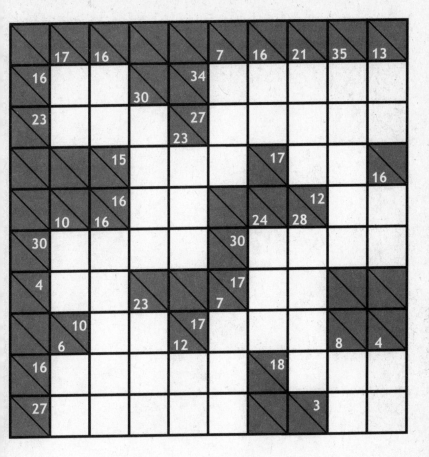

74

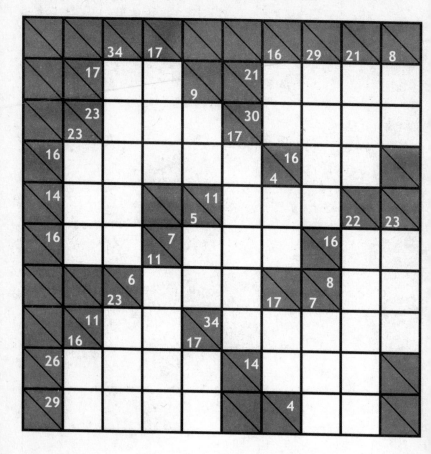

Level 2 – *pernicious*

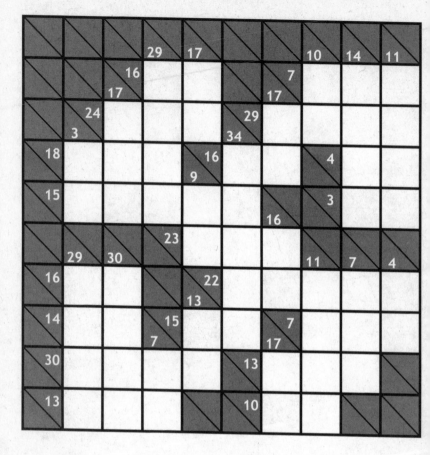

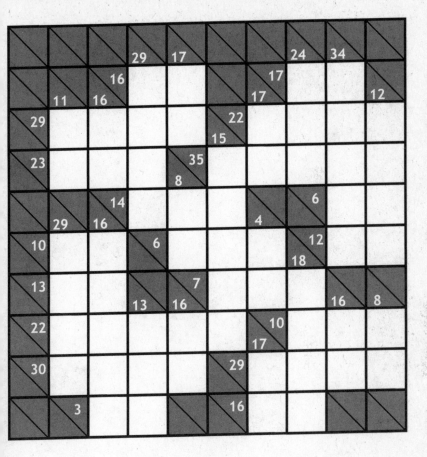

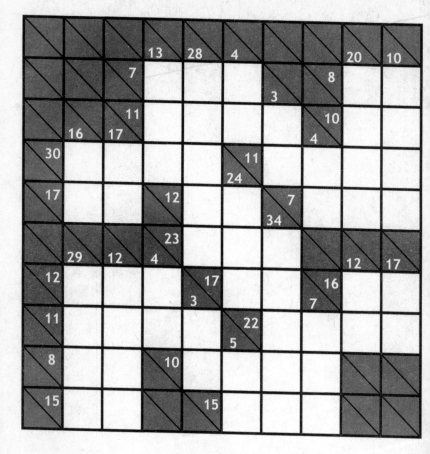

Level 2 – *pernicious*

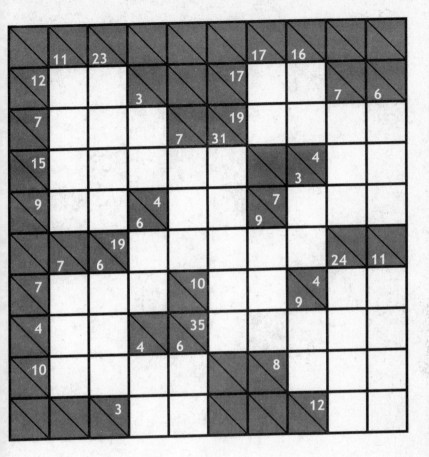

Level 2 – *pernicious*

Level 2 – *pernicious*

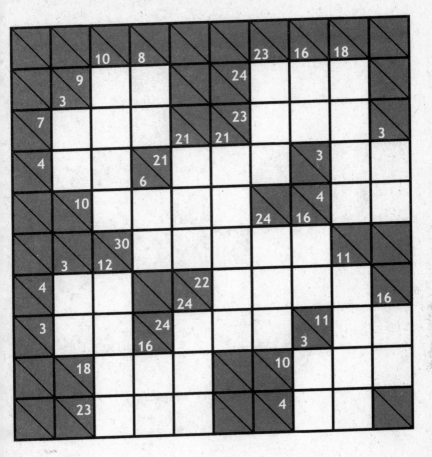

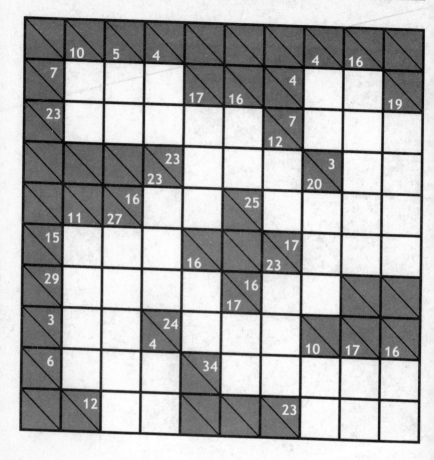

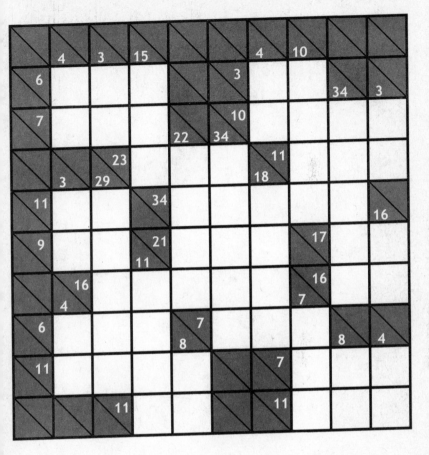

Level 2 – *pernicious*

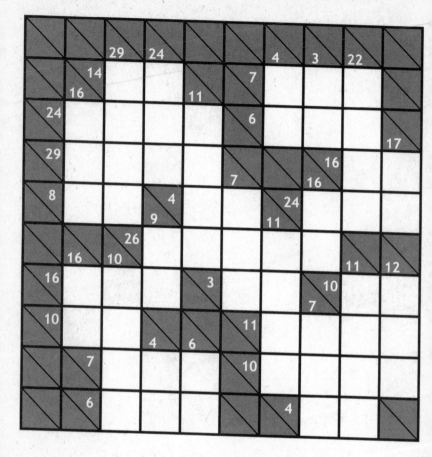

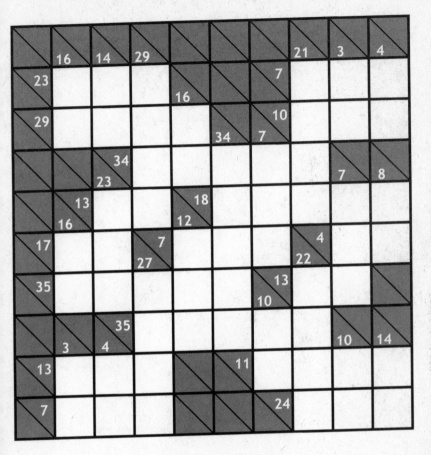

Level 2 – *pernicious*

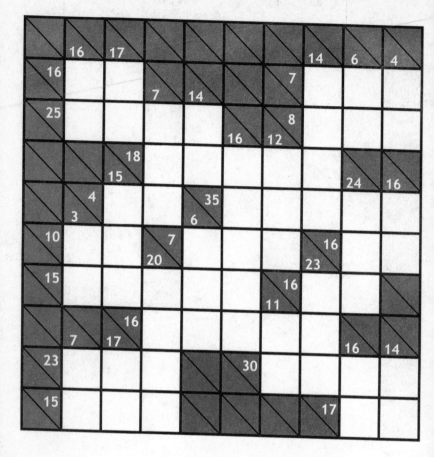

Level 2 – *pernicious*

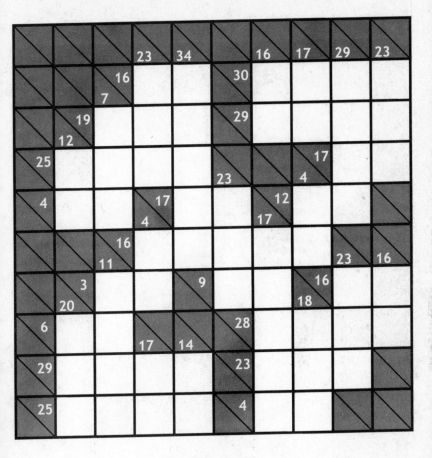

Level 2 – *pernicious*

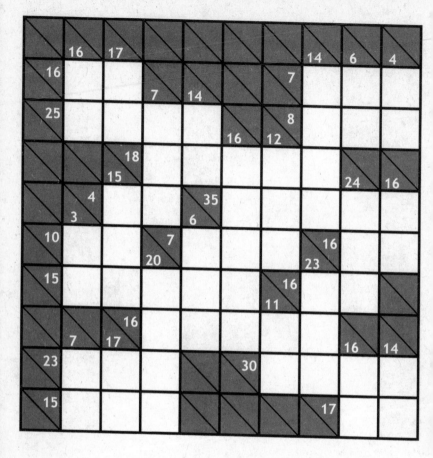

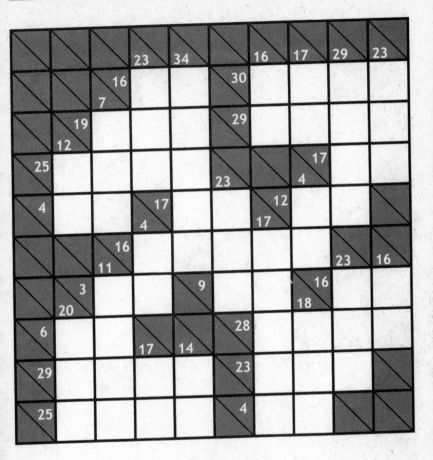

NEXT LEVEL – Level 3 – *malicious*

Level 3 – *malicious*

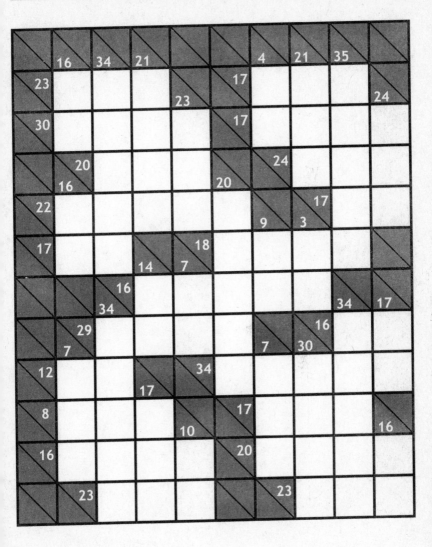

Level 3 – malicious

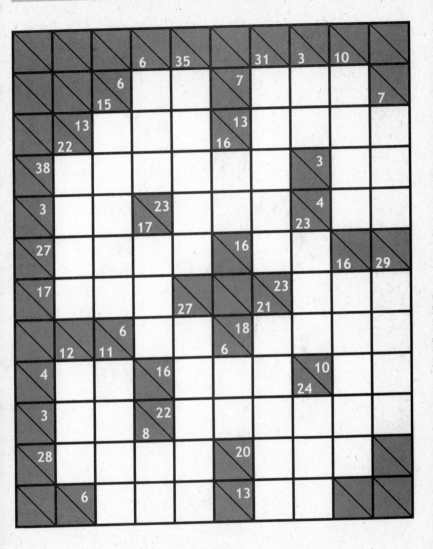

Level 3 – malicious

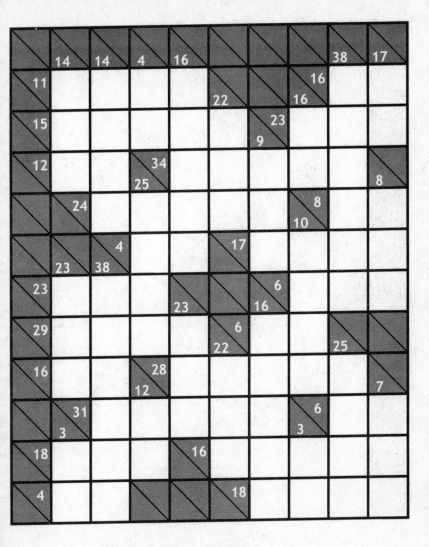

Level 3 – *malicious*

Level 3 – *malicious*

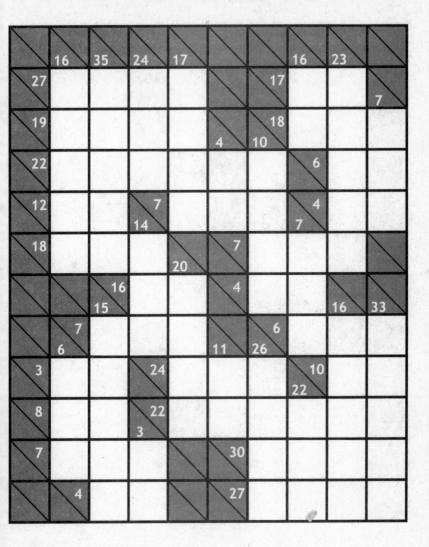

Level 3 – *malicious*

Level 3 – *malicious*

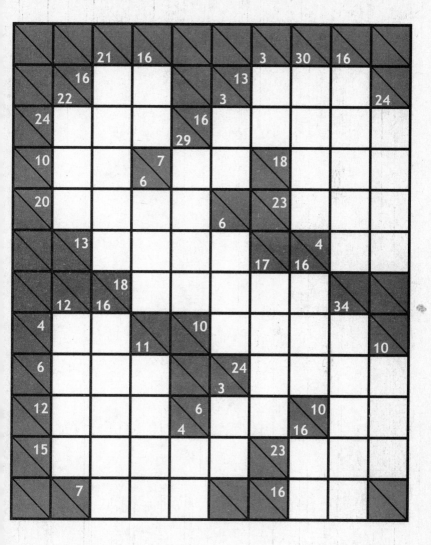

Level 3 – *malicious*

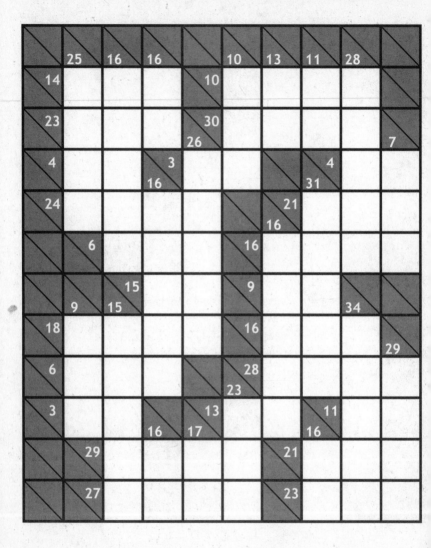

Level 3 – *malicious*

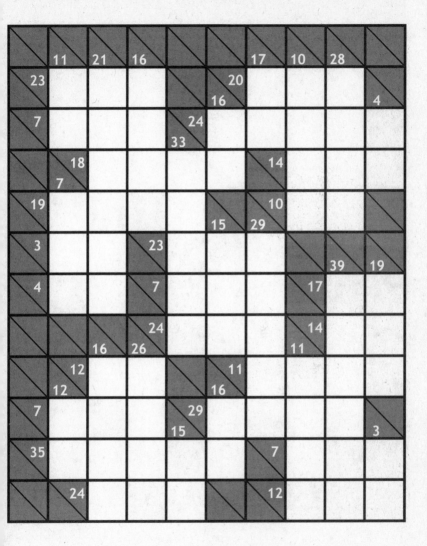

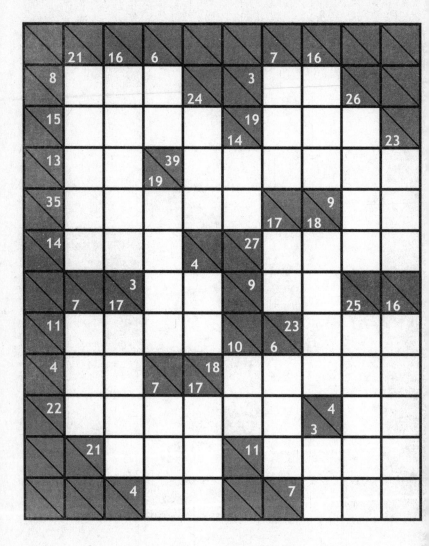

Level 3 – *malicious*

Level 3 – *malicious*

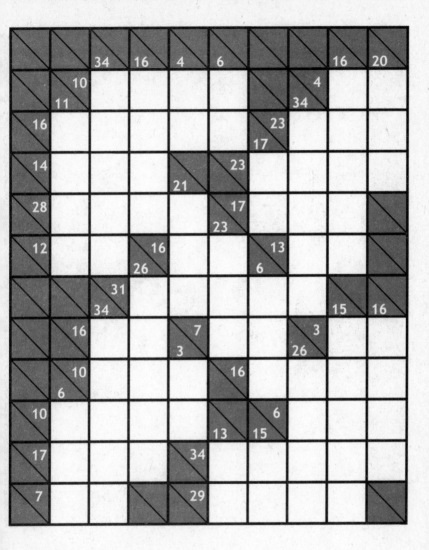

Level 3 – *malicious*

Level 3 – *malicious*

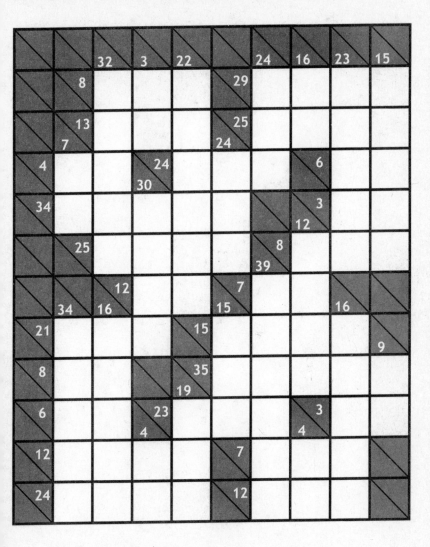

Level 3 – *malicious*

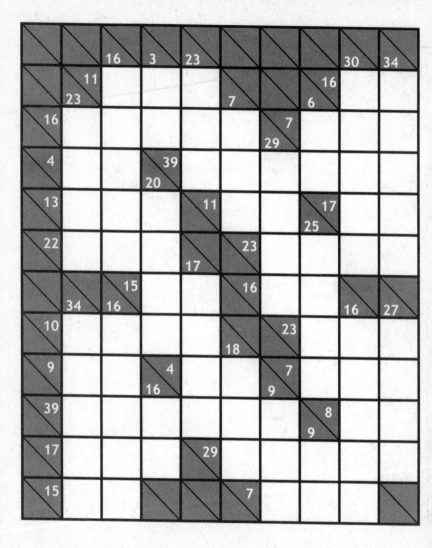

Level 3 – *malicious*

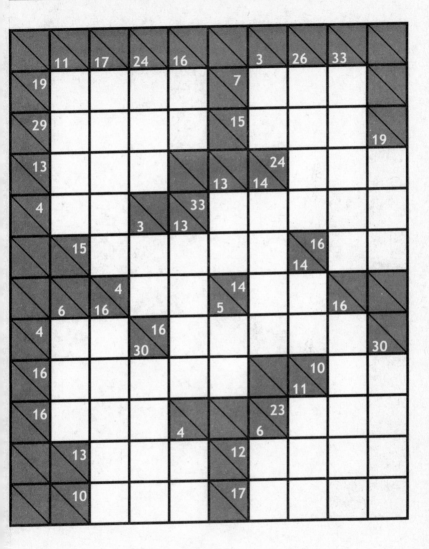

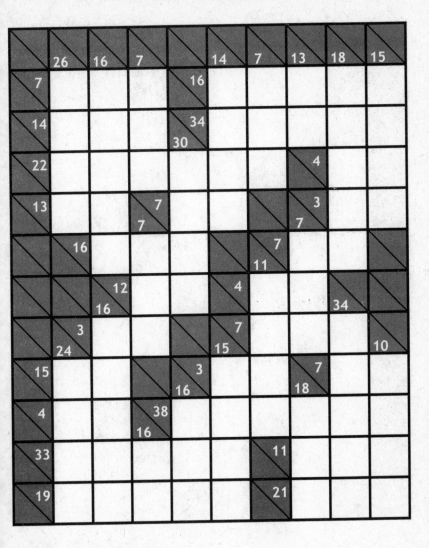

Level 3 – malicious

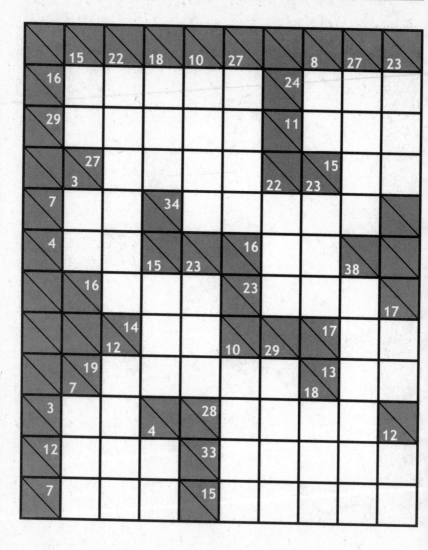

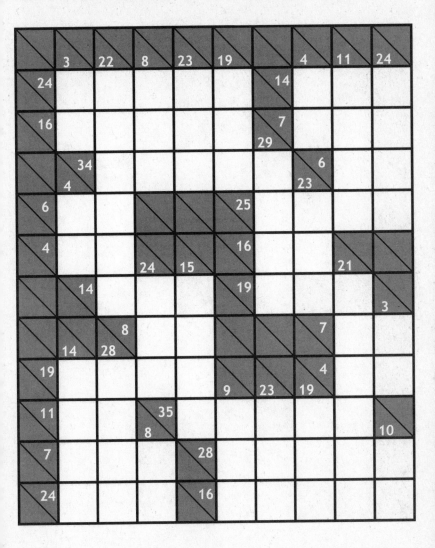

Level 3 – malicious

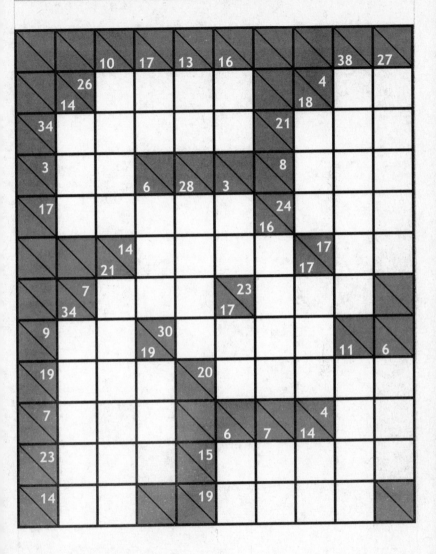

Level 3 – *malicious*

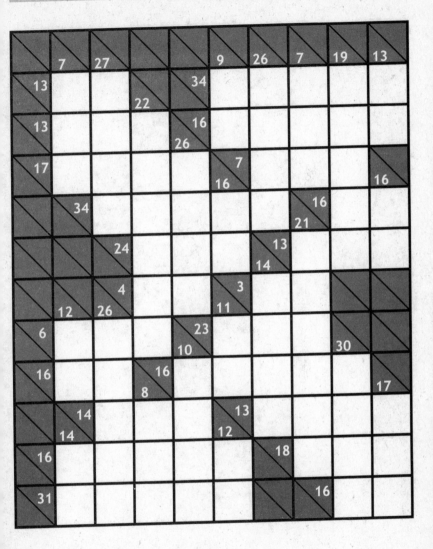

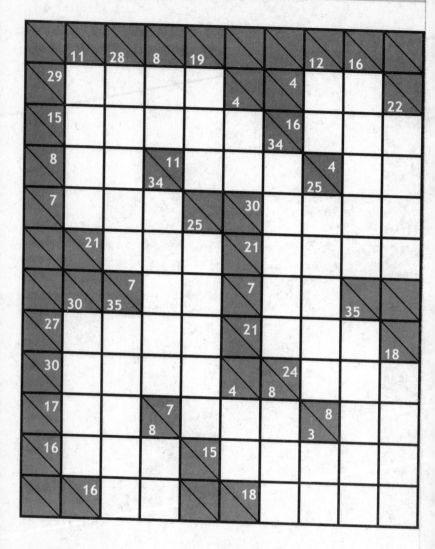

Level 3 – *malicious*

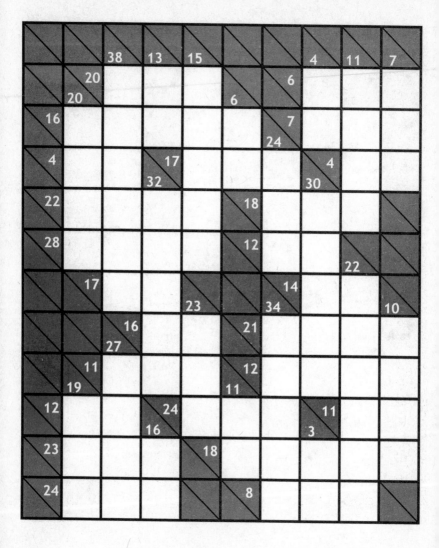

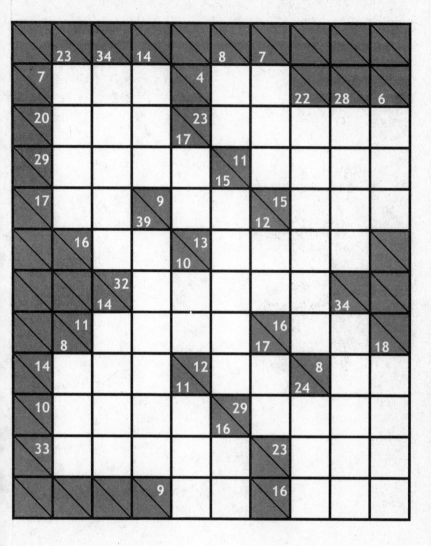

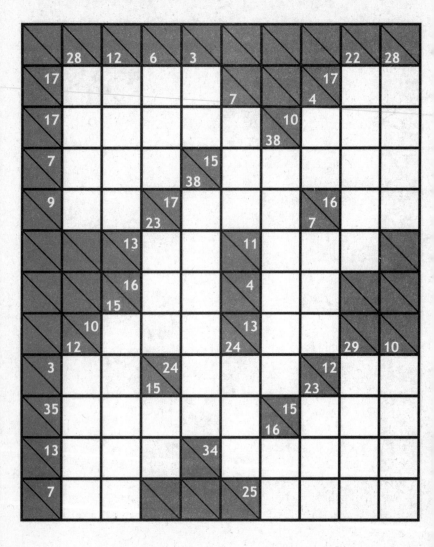

Level 3 – *malicious*

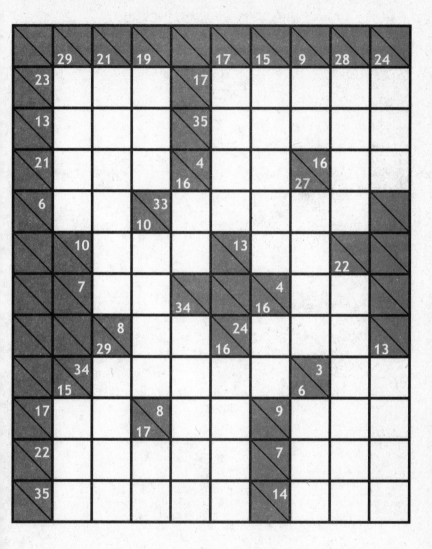

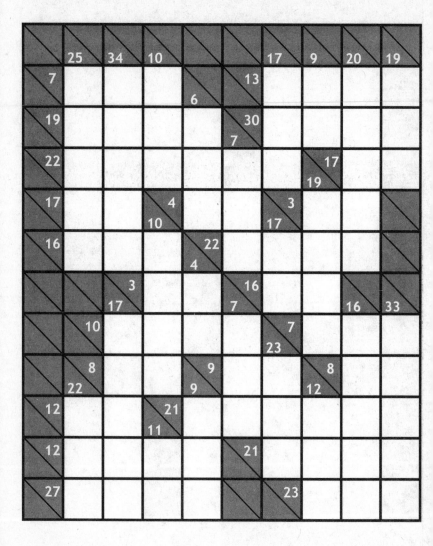

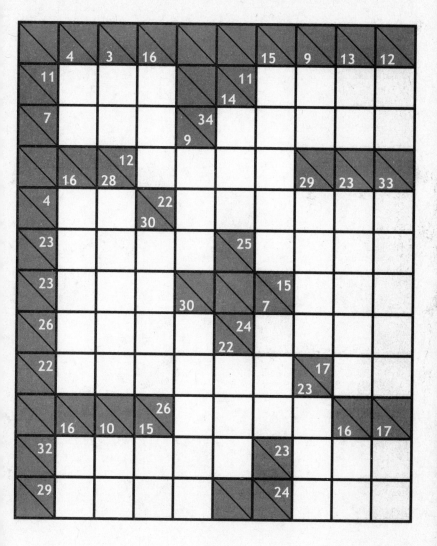

Level 3 – *malicious*

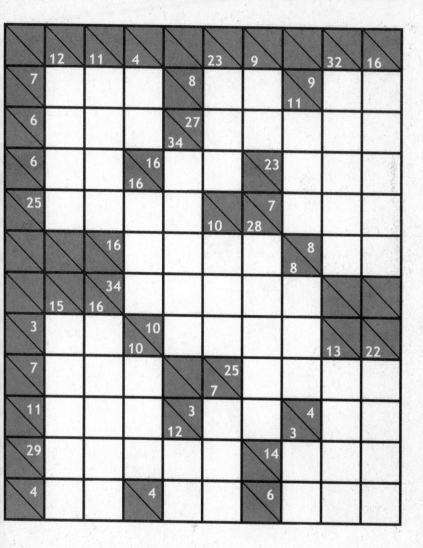

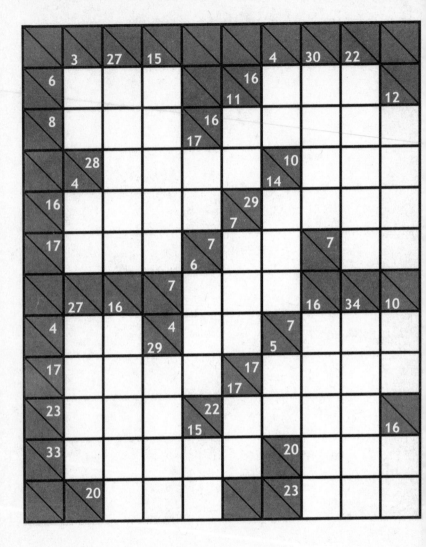

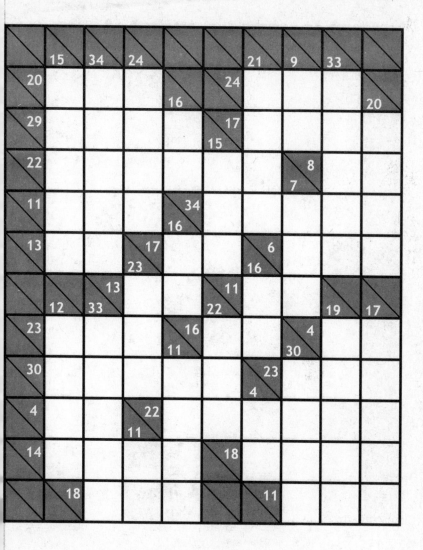

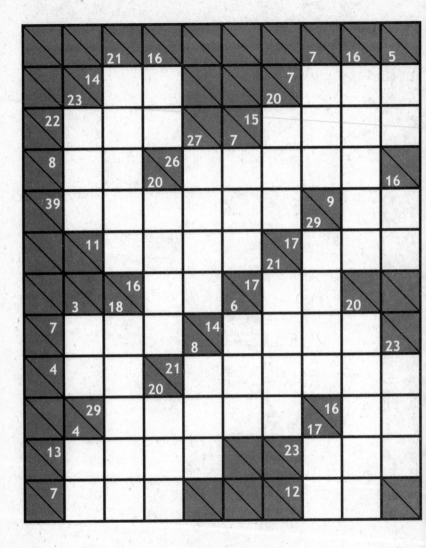

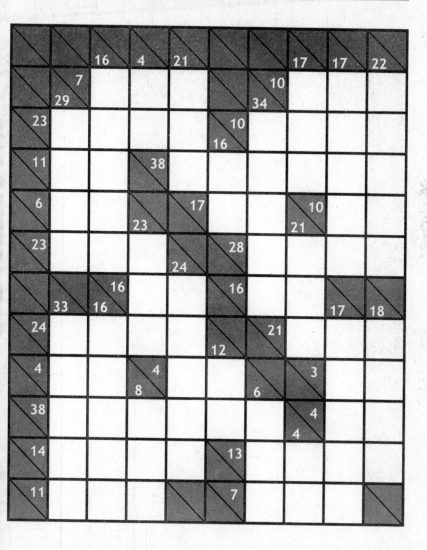

Level 3 – *malicious*

\	\	25\	16\	14\	7\	\	\	16\	33\
\	23\15					\	13\9		
\34						15\23			
\16			17\22						
\21				\	23\16				
\	\9			15\13			\4		
\	34\	28\	\17				3\	23\	\
\14			13\13			\4			21\
\10					6\	19\7			
\22							16\12		
\24				\33					
\16			\	\26					\

Level 3 – malicious

■	■	16\	11\	■	12\	8\	23\	15\	■
■	29\3			\21					■
\17				3\14					10\
\11					16\18				
\13			24\4			16\	16\4		
\23				4\34					
■	24\	22\27						25\	26\
\21						13\6			
\17			24\	16\9			23\10		
\26					16\27				
■	\18					\23			
■	\30					\16			■

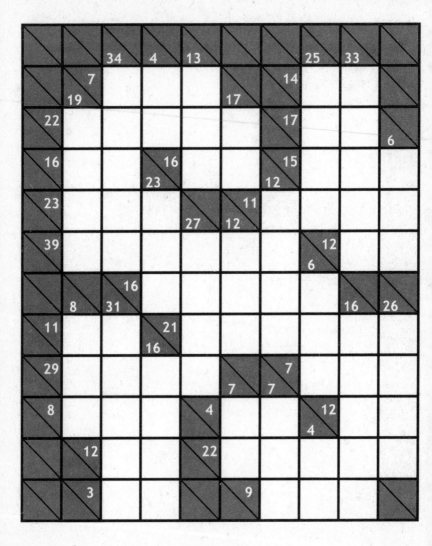

Level 3 – *malicious*

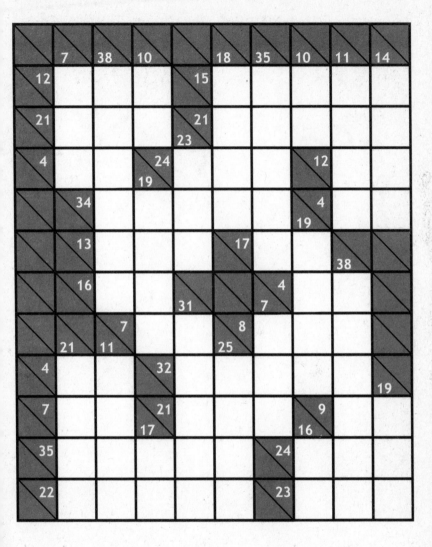

Level 3 – *malicious*

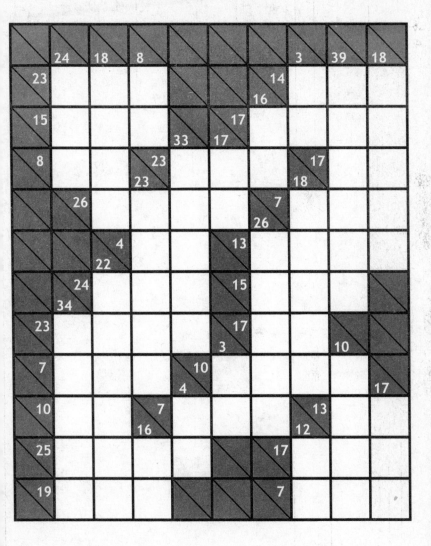

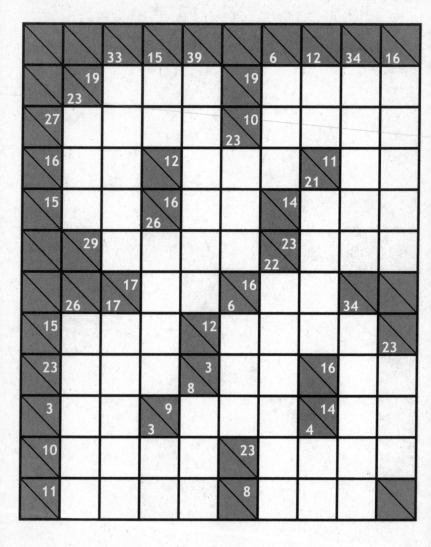

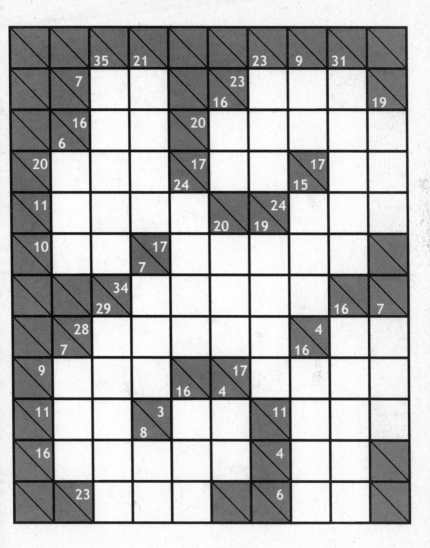

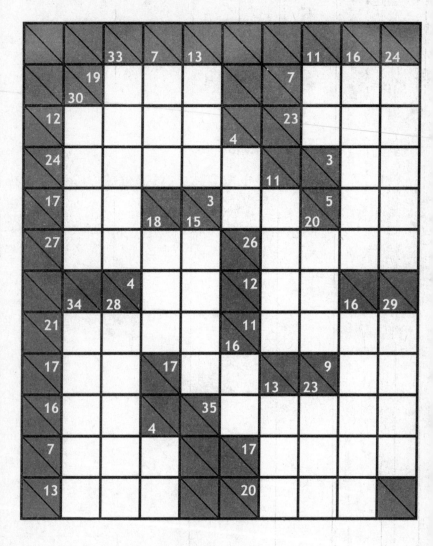

Level 3 – *malicious*

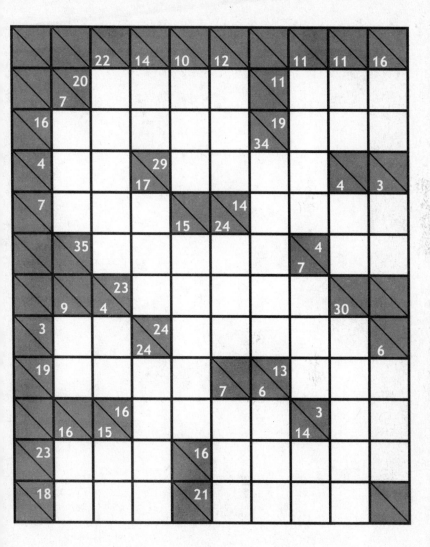

152

Level 3 – *malicious*

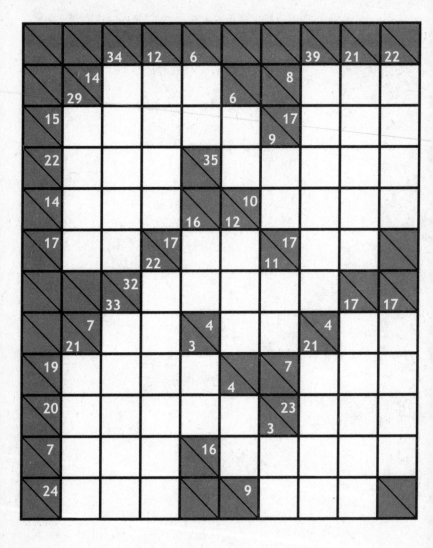

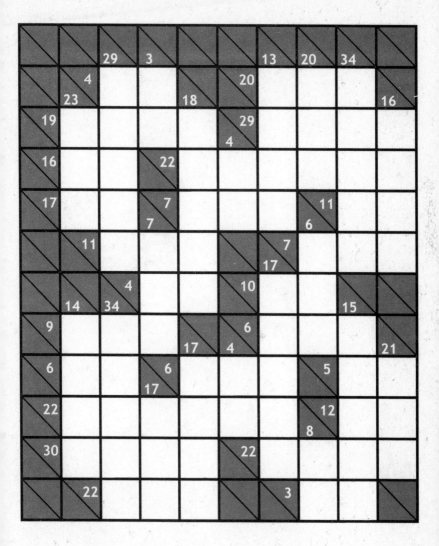

Level 3 – *malicious*

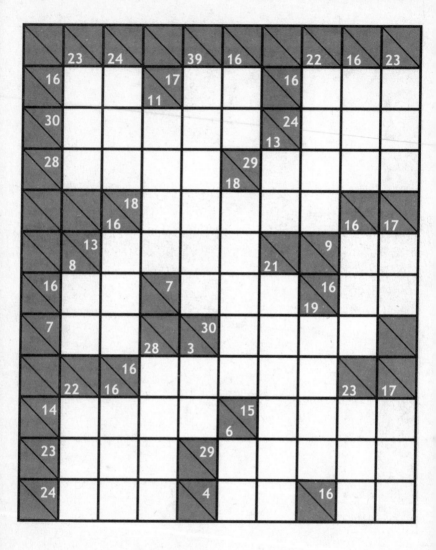

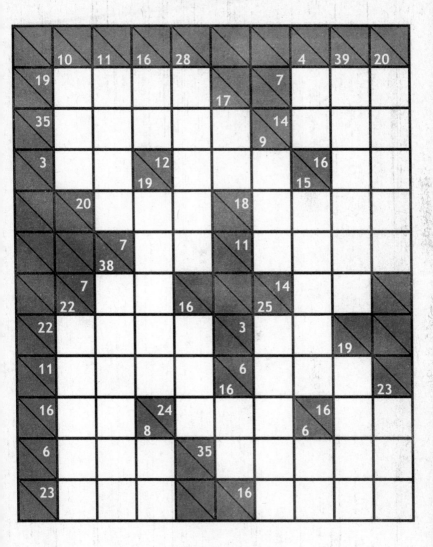

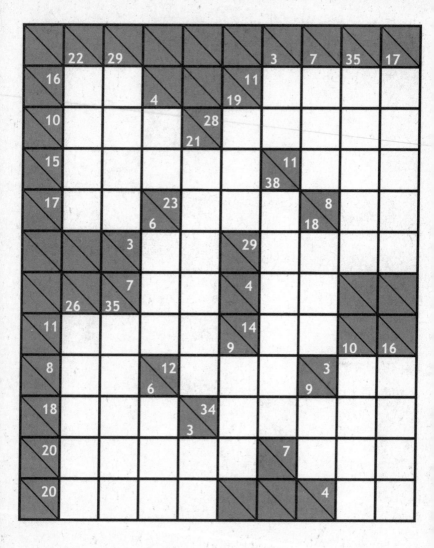

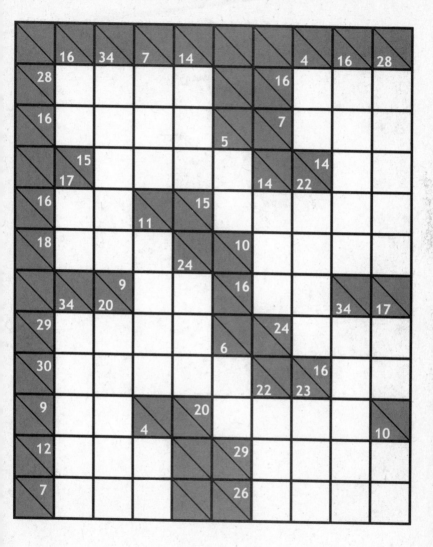

Level 3 – *malicious*

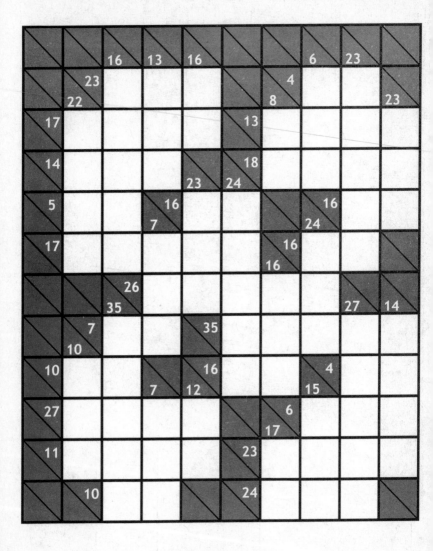

Level 3 – *malicious*

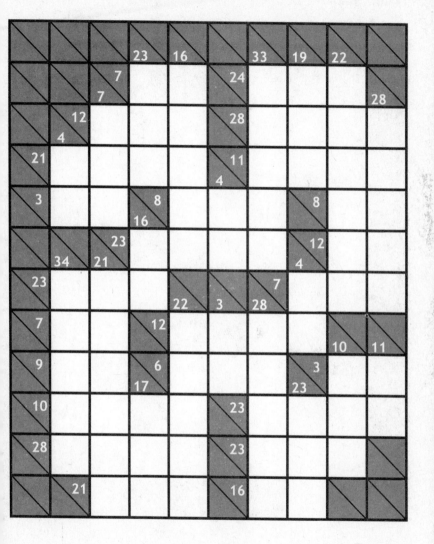

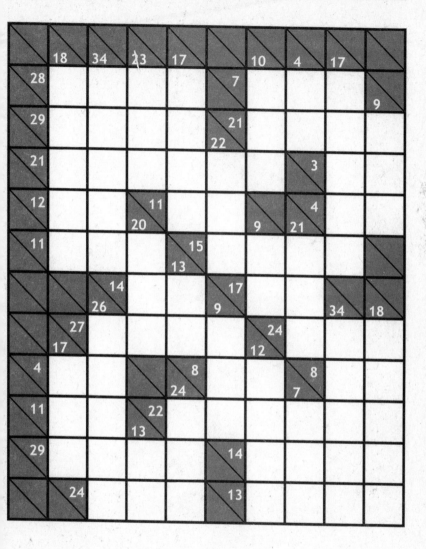

Level 4 – *vicious*

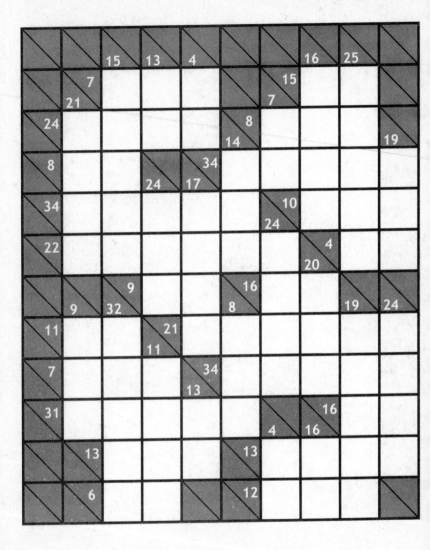

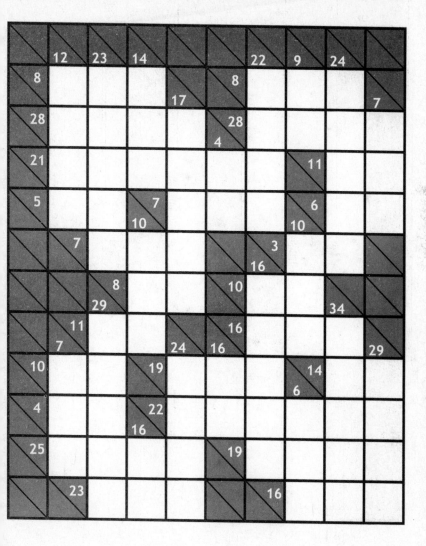

Level 4 – *vicious*

166

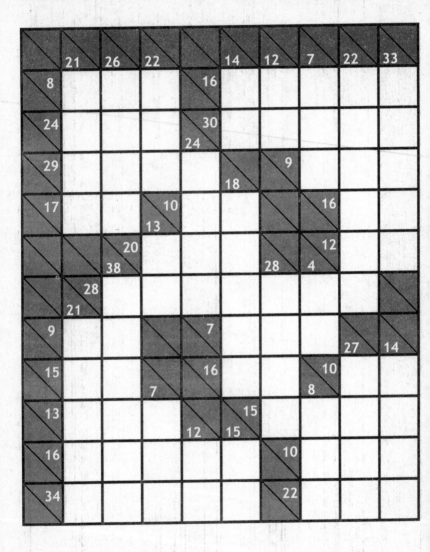

167

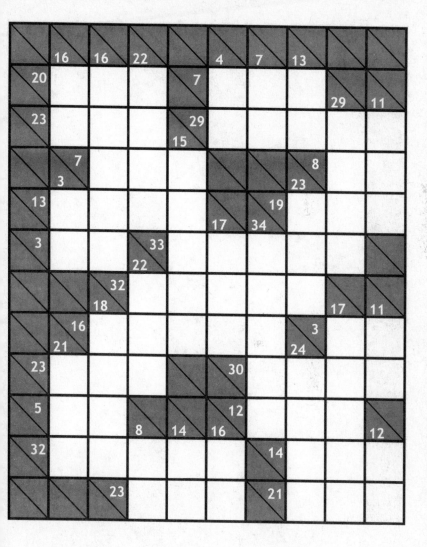

Level 4 – *vicious*

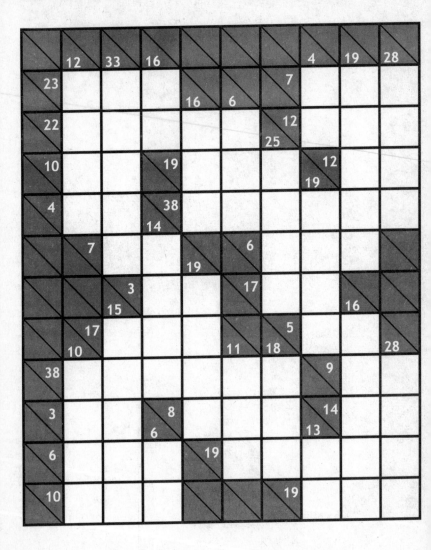

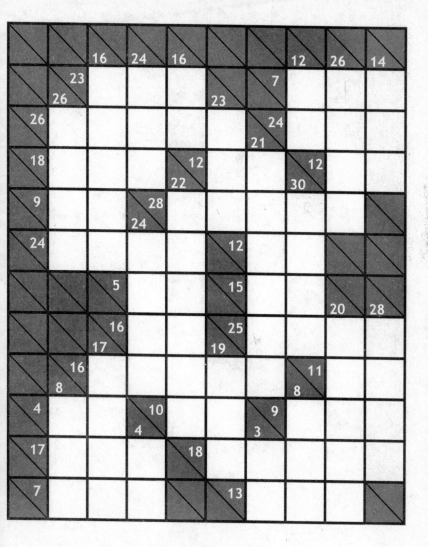

Level 4 – *vicious*

Level 4 – *vicious*

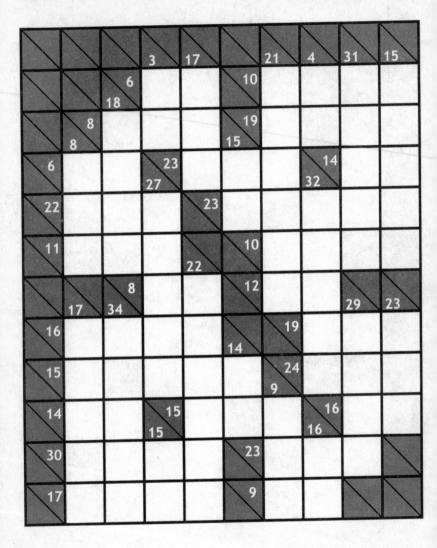

176

Level 4 – *vicious*

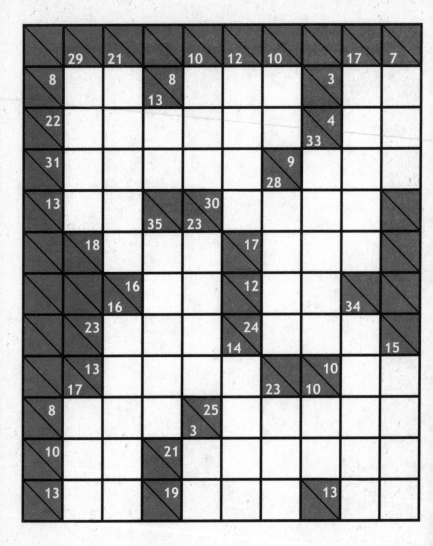

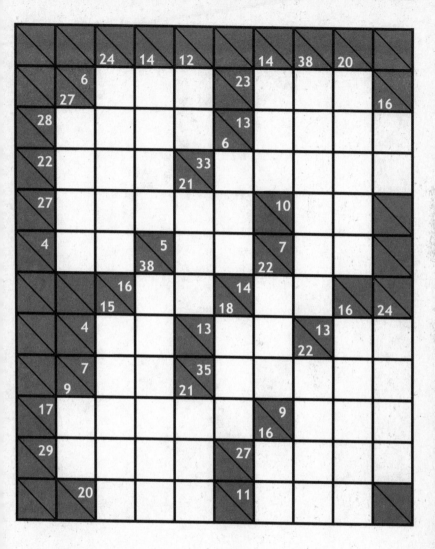

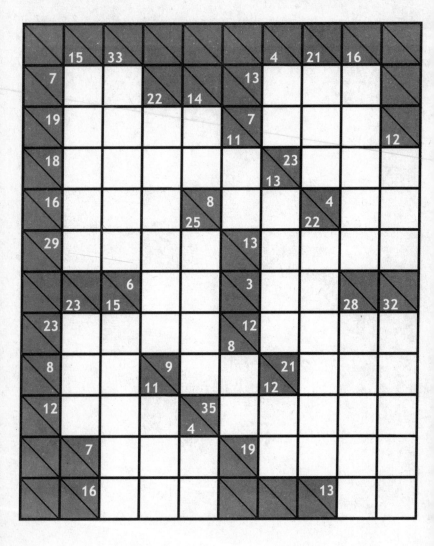

Level 4 – *vicious*

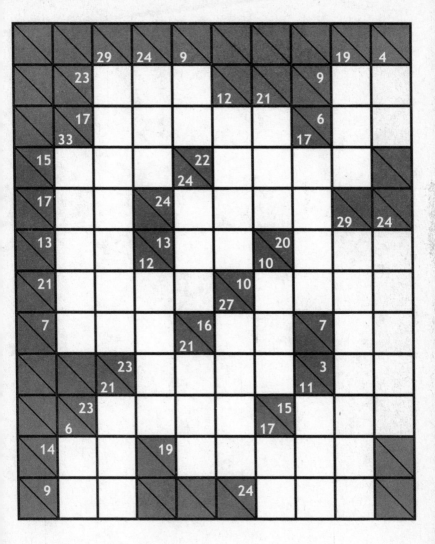

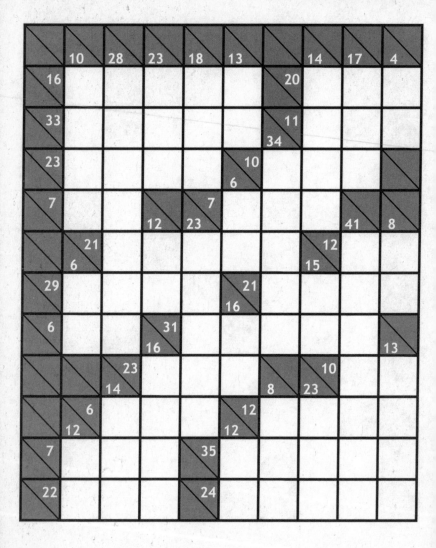

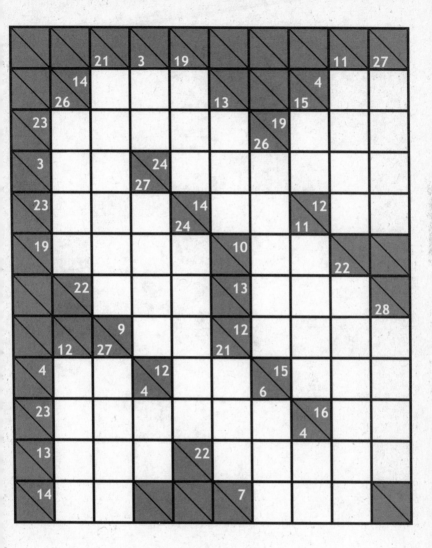

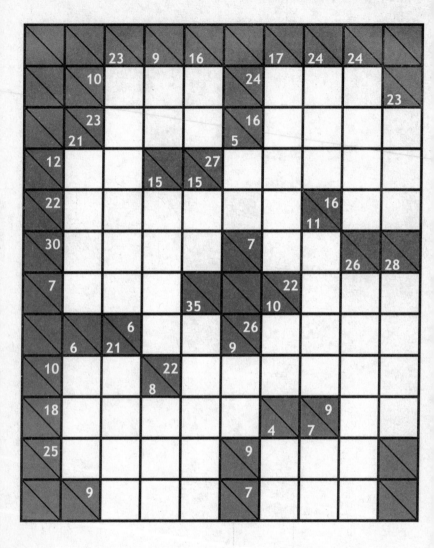

Level 4 – *vicious*

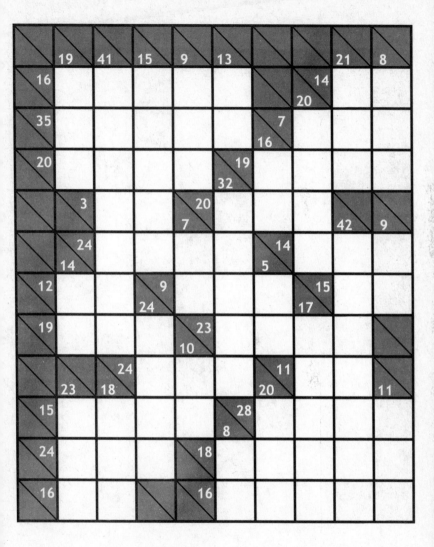

Level 4 – *vicious*

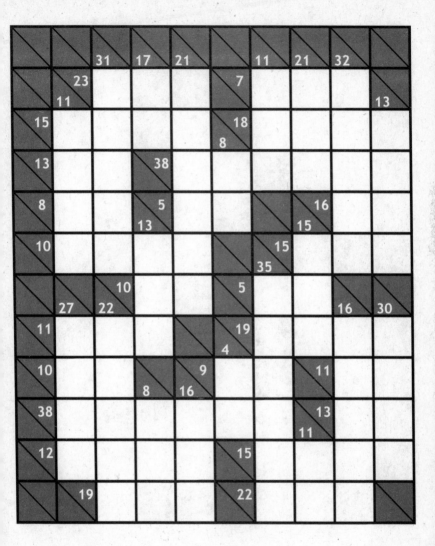

Level 4 – *vicious*

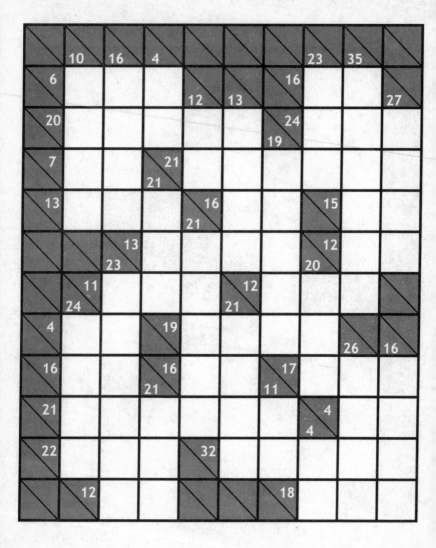

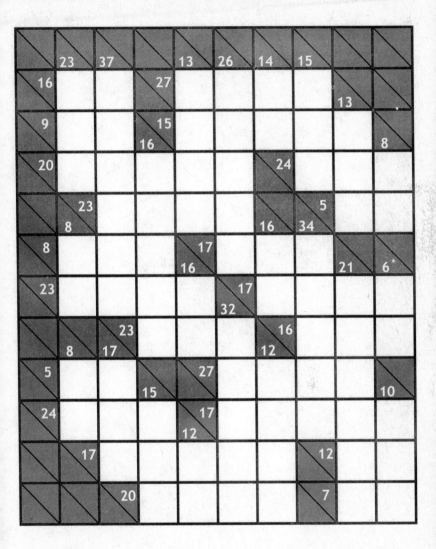

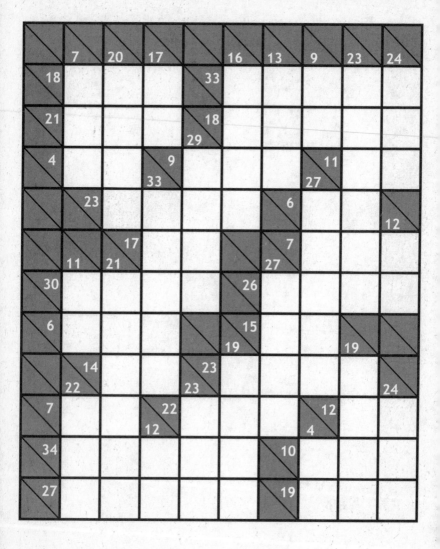

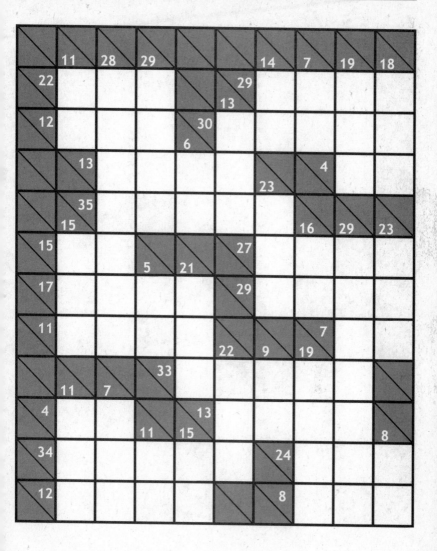

Level 4 – *vicious*

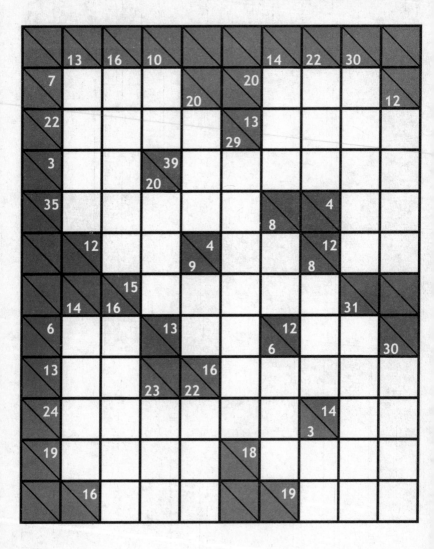

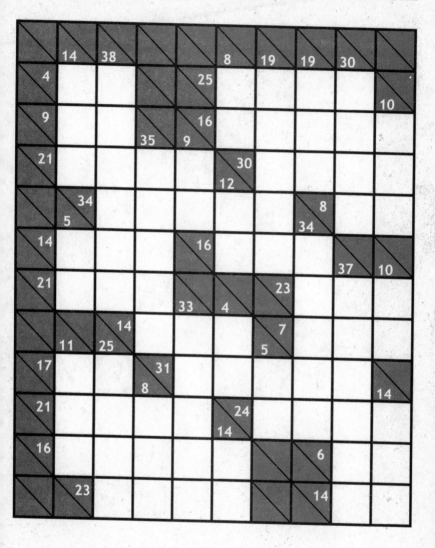

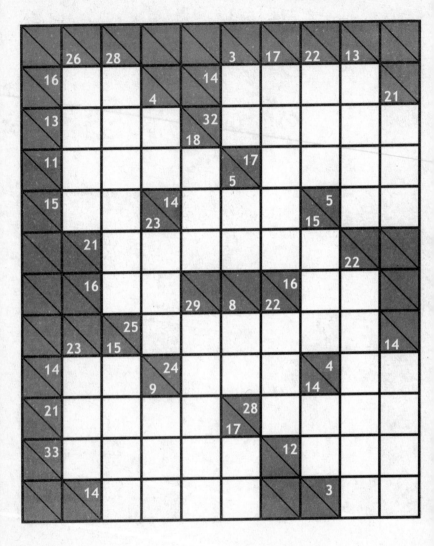

Level 4 – vicious

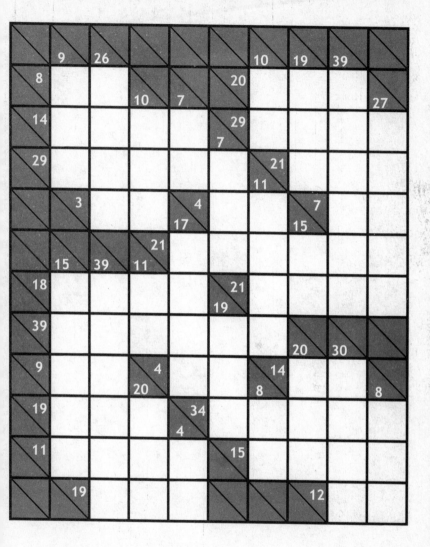

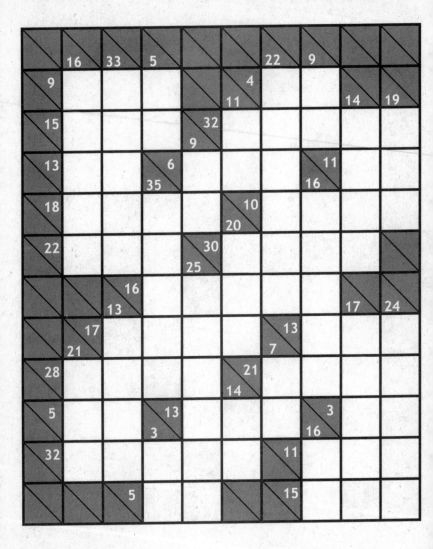

Level 4 – *vicious*

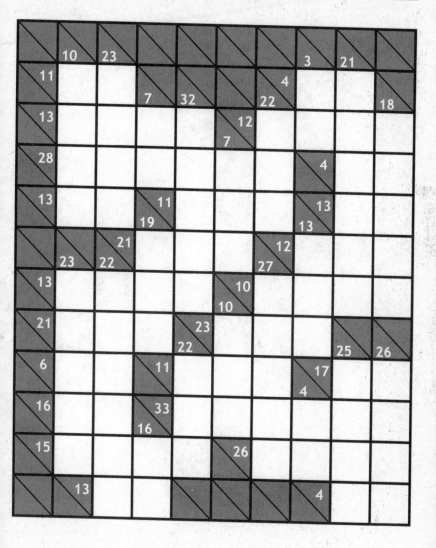

Level 4 – *vicious*

Level 4 – *vicious*

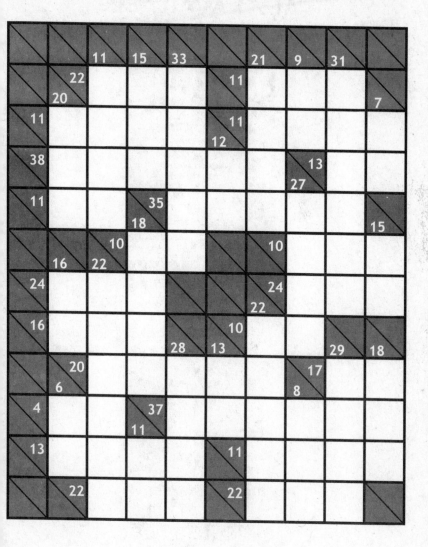

200

ALSO AVAILABLE

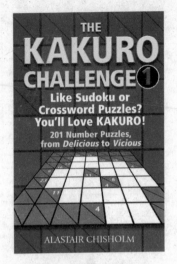

0-8027-1528-1 $8.95

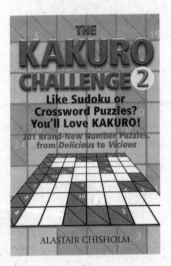

0-8027-1536-2 $8.95

SUDOKU
ANSWERS

SUDOKU ANSWERS

1

1	9	8	6	7	5	3	4	2
6	2	4	1	8	3	7	9	5
3	7	5	9	4	2	8	6	1
9	6	7	4	2	1	5	8	3
4	3	1	8	5	7	9	2	6
5	8	2	3	9	6	4	1	7
7	4	6	5	1	8	2	3	9
2	1	9	7	3	4	6	5	8
8	5	3	2	6	9	1	7	4

2

9	7	4	1	6	8	5	3	2
3	1	8	5	2	9	6	7	4
6	5	2	7	4	3	1	8	9
8	9	3	2	5	1	7	4	6
7	6	5	9	8	4	3	2	1
4	2	1	3	7	6	8	9	5
5	8	9	6	3	2	4	1	7
2	4	6	8	1	7	9	5	3
1	3	7	4	9	5	2	6	8

3

2	3	4	5	6	1	8	7	9
1	9	7	3	4	8	2	6	5
5	8	6	9	7	2	3	1	4
4	1	2	8	5	9	7	3	6
9	6	8	7	2	3	4	5	1
3	7	5	4	1	6	9	8	2
6	2	3	1	8	4	5	9	7
8	5	1	2	9	7	6	4	3
7	4	9	6	3	5	1	2	8

4

5	6	1	8	4	7	3	2	9
9	3	7	1	2	5	8	6	4
4	2	8	3	9	6	7	1	5
2	8	5	4	6	9	1	3	7
6	4	3	7	1	2	9	5	8
1	7	9	5	8	3	2	4	6
3	5	6	2	7	8	4	9	1
8	1	2	9	5	4	6	7	3
7	9	4	6	3	1	5	8	2

5

9	5	3	8	7	6	2	1	4
7	1	4	5	2	3	6	9	8
8	2	6	1	4	9	5	3	7
3	9	7	2	6	5	8	4	1
6	4	5	7	1	8	9	2	3
1	8	2	9	3	4	7	5	6
5	6	1	4	9	7	3	8	2
2	7	8	3	5	1	4	6	9
4	3	9	6	8	2	1	7	5

6

5	9	3	4	6	1	7	2	8
1	6	2	9	7	8	4	3	5
4	7	8	3	2	5	1	6	9
7	1	9	2	5	4	3	8	6
2	3	6	8	1	9	5	4	7
8	4	5	6	3	7	2	9	1
6	5	4	1	9	2	8	7	3
3	8	7	5	4	6	9	1	2
9	2	1	7	8	3	6	5	4

7

5	4	7	9	8	3	1	2	6
8	2	3	6	4	1	5	9	7
6	9	1	2	7	5	4	3	8
9	3	4	1	5	6	7	8	2
2	8	5	4	3	7	6	1	9
7	1	6	8	9	2	3	4	5
3	7	8	5	2	4	9	6	1
4	6	2	7	1	9	8	5	3
1	5	9	3	6	8	2	7	4

8

4	2	1	7	3	6	9	8	5
9	6	3	4	5	8	2	7	1
8	7	5	9	2	1	3	4	6
6	8	4	1	9	2	7	5	3
1	3	2	5	8	7	6	9	4
7	5	9	6	4	3	8	1	2
5	4	6	2	7	9	1	3	8
2	9	8	3	1	4	5	6	7
3	1	7	8	6	5	4	2	9

SUDOKU ANSWERS

9

2	3	6	9	1	7	8	5	4
8	7	1	4	2	5	3	9	6
4	9	5	6	8	3	2	1	7
3	8	9	5	7	2	6	4	1
6	5	4	1	3	9	7	2	8
1	2	7	8	6	4	5	3	9
7	1	3	2	4	8	9	6	5
5	6	2	7	9	1	4	8	3
9	4	8	3	5	6	1	7	2

10

5	4	3	2	6	9	7	8	1
7	8	6	1	5	4	3	2	9
9	2	1	3	7	8	5	6	4
2	6	9	5	4	3	8	1	7
3	7	8	6	2	1	9	4	5
1	5	4	8	9	7	2	3	6
6	9	2	4	8	5	1	7	3
4	3	7	9	1	2	6	5	8
8	1	5	7	3	6	4	9	2

11

9	5	6	2	8	3	1	7	4
2	1	4	7	9	6	8	3	5
3	8	7	1	5	4	2	9	6
5	6	1	3	2	8	9	4	7
7	3	8	4	1	9	6	5	2
4	2	9	6	7	5	3	8	1
8	9	2	5	4	1	7	6	3
6	7	5	9	3	2	4	1	8
1	4	3	8	6	7	5	2	9

12

8	7	4	2	9	3	1	6	5
9	1	5	8	6	4	3	2	7
3	6	2	5	1	7	8	9	4
4	8	3	9	5	6	7	1	2
7	2	9	3	4	1	6	5	8
1	5	6	7	2	8	4	3	9
6	9	7	4	3	5	2	8	1
2	4	1	6	8	9	5	7	3
5	3	8	1	7	2	9	4	6

13

9	7	2	5	4	1	8	3	6
1	4	8	6	9	3	2	7	5
6	3	5	2	8	7	4	9	1
8	6	3	4	7	2	5	1	9
7	1	4	9	5	8	6	2	3
2	5	9	1	3	6	7	8	4
5	8	1	7	6	9	3	4	2
3	2	6	8	1	4	9	5	7
4	9	7	3	2	5	1	6	8

14

5	4	8	6	1	3	2	9	7
1	2	7	5	9	8	3	4	6
6	3	9	2	7	4	5	8	1
9	5	1	7	8	2	4	6	3
4	8	6	3	5	9	7	1	2
3	7	2	4	6	1	9	5	8
8	1	3	9	4	7	6	2	5
7	6	4	1	2	5	8	3	9
2	9	5	8	3	6	1	7	4

15

6	8	5	9	7	4	2	1	3
4	2	7	1	3	8	6	5	9
1	3	9	2	6	5	4	8	7
9	1	4	7	2	6	5	3	8
2	6	3	8	5	9	7	4	1
5	7	8	3	4	1	9	6	2
7	9	6	5	1	3	8	2	4
3	4	2	6	8	7	1	9	5
8	5	1	4	9	2	3	7	6

16

3	4	5	6	1	7	9	8	2
8	2	7	3	9	4	1	6	5
6	1	9	2	5	8	4	7	3
5	7	4	8	3	9	2	1	6
1	3	8	5	6	2	7	4	9
2	9	6	4	7	1	5	3	8
7	5	2	1	8	6	3	9	4
9	8	3	7	4	5	6	2	1
4	6	1	9	2	3	8	5	7

SUDOKU ANSWERS

17

8	4	5	9	6	2	7	1	3
1	9	7	4	8	3	5	6	2
6	2	3	1	5	7	9	8	4
9	6	8	5	2	1	4	3	7
5	3	1	7	4	8	6	2	9
4	7	2	3	9	6	1	5	8
7	1	4	8	3	5	2	9	6
3	5	6	2	7	9	8	4	1
2	8	9	6	1	4	3	7	5

18

1	9	6	5	2	7	3	8	4
7	3	8	6	9	4	2	5	1
2	5	4	8	1	3	6	9	7
4	6	3	1	7	5	8	2	9
8	7	5	2	4	9	1	6	3
9	2	1	3	6	8	7	4	5
5	1	7	9	8	6	4	3	2
3	8	2	4	5	1	9	7	6
6	4	9	7	3	2	5	1	8

19

3	6	1	8	7	4	5	2	9
8	5	9	2	3	1	6	7	4
4	2	7	9	6	5	3	8	1
7	4	5	6	1	2	9	3	8
1	3	6	4	9	8	7	5	2
9	8	2	3	5	7	4	1	6
6	9	8	5	2	3	1	4	7
2	7	3	1	4	6	8	9	5
5	1	4	7	8	9	2	6	3

20

5	3	1	4	9	7	8	6	2
4	6	7	8	2	5	1	3	9
9	8	2	6	1	3	5	4	7
1	2	5	3	7	9	4	8	6
6	7	8	1	4	2	9	5	3
3	9	4	5	6	8	7	2	1
2	1	3	9	5	4	6	7	8
8	5	6	7	3	1	2	9	4
7	4	9	2	8	6	3	1	5

21

7	4	8	3	9	5	2	6	1
1	5	3	4	2	6	7	9	8
6	9	2	8	1	7	3	5	4
4	8	1	2	3	9	5	7	6
5	3	6	1	7	4	8	2	9
9	2	7	5	6	8	1	4	3
2	1	5	6	4	3	9	8	7
8	7	4	9	5	1	6	3	2
3	6	9	7	8	2	4	1	5

22

2	1	9	3	6	5	7	4	8
7	8	3	2	9	4	1	5	6
5	4	6	8	7	1	9	3	2
9	6	8	5	2	7	4	1	3
1	2	7	6	4	3	5	8	9
3	5	4	9	1	8	2	6	7
6	7	5	4	3	2	8	9	1
4	3	2	1	8	9	6	7	5
8	9	1	7	5	6	3	2	4

23

9	2	3	5	8	6	1	7	4
6	4	7	2	3	1	9	8	5
5	1	8	9	7	4	3	6	2
7	3	6	4	1	5	2	9	8
2	5	1	8	6	9	4	3	7
4	8	9	3	2	7	5	1	6
1	7	5	6	9	2	8	4	3
3	9	4	7	5	8	6	2	1
8	6	2	1	4	3	7	5	9

24

6	3	1	2	4	7	5	9	8
9	2	8	5	6	1	7	3	4
5	4	7	9	3	8	1	2	6
4	7	3	6	9	5	8	1	2
8	9	2	7	1	3	4	6	5
1	6	5	8	2	4	9	7	3
2	8	4	3	7	9	6	5	1
3	1	9	4	5	6	2	8	7
7	5	6	1	8	2	3	4	9

SUDOKU ANSWERS

25

4	6	2	1	3	5	8	7	9
7	8	5	2	9	6	1	3	4
9	3	1	4	8	7	6	2	5
5	7	4	8	1	2	9	6	3
1	2	3	6	7	9	5	4	8
6	9	8	5	4	3	2	1	7
2	1	9	3	5	4	7	8	6
8	4	7	9	6	1	3	5	2
3	5	6	7	2	8	4	9	1

26

2	9	4	5	1	7	6	8	3
8	1	7	9	6	3	4	5	2
3	6	5	2	4	8	1	7	9
1	8	9	7	5	6	2	3	4
7	2	6	3	8	4	9	1	5
4	5	3	1	2	9	7	6	8
6	7	2	8	9	5	3	4	1
5	3	1	4	7	2	8	9	6
9	4	8	6	3	1	5	2	7

27

6	1	4	2	9	3	7	5	8
2	5	9	8	4	7	1	3	6
8	7	3	6	1	5	2	4	9
3	8	2	7	5	6	9	1	4
4	6	7	1	2	9	5	8	3
5	9	1	3	8	4	6	2	7
7	4	6	5	3	1	8	9	2
9	2	5	4	7	8	3	6	1
1	3	8	9	6	2	4	7	5

28

9	6	1	5	2	7	4	8	3
2	8	7	6	3	4	9	5	1
5	4	3	1	8	9	7	2	6
6	3	9	7	5	2	8	1	4
4	7	8	9	6	1	5	3	2
1	5	2	3	4	8	6	9	7
7	2	6	8	1	5	3	4	9
3	1	5	4	9	6	2	7	8
8	9	4	2	7	3	1	6	5

29

9	7	8	5	2	3	4	1	6
2	6	1	4	9	8	5	3	7
4	3	5	6	7	1	9	8	2
3	9	4	2	6	5	1	7	8
1	8	7	9	3	4	2	6	5
5	2	6	1	8	7	3	4	9
8	5	2	3	4	6	7	9	1
6	4	9	7	1	2	8	5	3
7	1	3	8	5	9	6	2	4

30

2	8	7	4	6	1	5	9	3
3	6	4	2	5	9	8	1	7
9	5	1	3	8	7	6	2	4
5	1	3	6	7	4	2	8	9
8	7	2	1	9	5	4	3	6
4	9	6	8	2	3	1	7	5
1	3	9	5	4	8	7	6	2
6	4	8	7	3	2	9	5	1
7	2	5	9	1	6	3	4	8

31

1	3	9	2	5	8	4	7	6
5	2	6	3	7	4	8	9	1
7	8	4	1	6	9	5	2	3
4	6	7	9	3	1	2	8	5
9	1	8	5	4	2	3	6	7
3	5	2	6	8	7	9	1	4
8	4	1	7	2	3	6	5	9
2	7	5	4	9	6	1	3	8
6	9	3	8	1	5	7	4	2

32

9	4	2	8	7	5	6	3	1
1	3	8	6	4	9	2	5	7
5	7	6	3	1	2	4	9	8
6	1	9	4	5	8	7	2	3
8	2	4	1	3	7	9	6	5
3	5	7	2	9	6	8	1	4
2	9	1	5	8	4	3	7	6
7	8	3	9	6	1	5	4	2
4	6	5	7	2	3	1	8	9

SUDOKU ANSWERS

33

5	4	8	1	7	6	3	9	2
2	9	3	8	4	5	1	6	7
7	1	6	9	3	2	8	4	5
4	6	1	7	9	8	2	5	3
3	5	7	2	1	4	6	8	9
8	2	9	6	5	3	4	7	1
9	8	5	4	2	1	7	3	6
6	7	2	3	8	9	5	1	4
1	3	4	5	6	7	9	2	8

34

9	7	2	5	4	6	8	3	1
3	4	8	9	1	2	7	5	6
6	1	5	3	7	8	9	4	2
8	6	1	2	9	4	3	7	5
4	5	7	8	6	3	2	1	9
2	3	9	7	5	1	4	6	8
7	2	3	1	8	5	6	9	4
5	8	4	6	3	9	1	2	7
1	9	6	4	2	7	5	8	3

35

6	5	1	2	7	4	8	3	9
8	2	9	3	6	5	7	4	1
4	7	3	1	8	9	5	6	2
9	1	7	6	5	8	4	2	3
3	6	4	9	2	7	1	5	8
2	8	5	4	1	3	6	9	7
7	9	8	5	4	2	3	1	6
5	3	6	8	9	1	2	7	4
1	4	2	7	3	6	9	8	5

36

3	6	9	2	7	5	8	1	4
2	4	5	1	3	8	7	9	6
1	7	8	4	9	6	5	3	2
5	3	4	8	1	7	2	6	9
6	9	2	3	5	4	1	7	8
8	1	7	9	6	2	4	5	3
9	2	1	5	4	3	6	8	7
7	8	3	6	2	1	9	4	5
4	5	6	7	8	9	3	2	1

37

6	5	3	4	2	9	7	8	1
4	1	8	6	3	7	2	5	9
2	9	7	1	8	5	3	4	6
8	3	2	9	6	1	4	7	5
1	7	5	2	4	8	9	6	3
9	6	4	5	7	3	8	1	2
3	8	6	7	1	2	5	9	4
5	2	1	8	9	4	6	3	7
7	4	9	3	5	6	1	2	8

38

3	7	8	2	4	1	5	6	9
5	6	1	7	9	3	4	2	8
9	2	4	5	6	8	1	3	7
6	8	3	1	2	5	9	7	4
4	9	7	3	8	6	2	5	1
2	1	5	9	7	4	6	8	3
1	5	9	6	3	7	8	4	2
7	4	6	8	1	2	3	9	5
8	3	2	4	5	9	7	1	6

39

3	2	9	7	8	6	1	5	4
5	4	8	3	2	1	9	6	7
1	6	7	9	4	5	8	3	2
4	9	1	6	3	7	5	2	8
6	8	5	2	9	4	3	7	1
2	7	3	1	5	8	6	4	9
9	1	4	5	7	3	2	8	6
8	3	2	4	6	9	7	1	5
7	5	6	8	1	2	4	9	3

40

5	2	8	9	6	4	3	7	1
1	7	3	5	8	2	9	6	4
4	9	6	1	3	7	8	5	2
9	4	1	8	5	3	6	2	7
6	3	7	2	4	1	5	8	9
2	8	5	7	9	6	1	4	3
3	6	9	4	2	8	7	1	5
8	1	2	3	7	5	4	9	6
7	5	4	6	1	9	2	3	8

SUDOKU ANSWERS

41

3	6	4	9	7	2	5	8	1
7	9	8	1	6	5	4	2	3
5	1	2	8	4	3	7	9	6
1	8	5	2	3	6	9	7	4
4	3	6	5	9	7	8	1	2
9	2	7	4	8	1	3	6	5
8	7	3	6	2	4	1	5	9
2	4	1	7	5	9	6	3	8
6	5	9	3	1	8	2	4	7

42

2	9	8	3	6	7	5	4	1
5	1	6	9	4	2	7	3	8
3	4	7	8	5	1	9	2	6
1	7	9	2	3	8	4	6	5
6	2	5	4	7	9	8	1	3
4	8	3	5	1	6	2	7	9
7	5	4	6	8	3	1	9	2
8	6	2	1	9	4	3	5	7
9	3	1	7	2	5	6	8	4

43

3	7	1	5	9	4	6	8	2
2	9	6	7	3	8	1	5	4
8	4	5	2	1	6	3	9	7
5	6	2	4	8	1	7	3	9
1	3	7	6	2	9	8	4	5
4	8	9	3	7	5	2	1	6
7	1	8	9	4	2	5	6	3
6	2	4	1	5	3	9	7	8
9	5	3	8	6	7	4	2	1

44

1	4	8	9	6	3	7	5	2
2	9	6	8	5	7	1	4	3
5	7	3	2	4	1	6	9	8
4	1	5	3	7	8	2	6	9
8	3	9	6	1	2	4	7	5
6	2	7	4	9	5	3	8	1
3	5	2	7	8	4	9	1	6
9	8	4	1	3	6	5	2	7
7	6	1	5	2	9	8	3	4

45

1	2	9	4	3	6	5	8	7
8	6	3	5	7	2	4	9	1
4	5	7	1	9	8	6	3	2
7	1	6	9	4	5	3	2	8
3	4	2	8	6	7	1	5	9
5	9	8	3	2	1	7	4	6
6	8	4	2	1	3	9	7	5
9	7	5	6	8	4	2	1	3
2	3	1	7	5	9	8	6	4

46

4	9	7	8	3	5	2	6	1
6	1	8	4	2	7	9	3	5
3	5	2	1	9	6	7	8	4
8	7	6	9	1	4	5	2	3
2	4	1	3	5	8	6	9	7
5	3	9	7	6	2	4	1	8
9	8	5	2	7	3	1	4	6
1	6	3	5	4	9	8	7	2
7	2	4	6	8	1	3	5	9

47

6	3	5	8	9	1	7	2	4
4	1	2	7	6	3	5	8	9
9	7	8	5	4	2	1	6	3
5	2	4	6	1	8	3	9	7
7	9	1	2	3	4	6	5	8
3	8	6	9	7	5	2	4	1
1	5	3	4	2	9	8	7	6
2	4	7	1	8	6	9	3	5
8	6	9	3	5	7	4	1	2

48

7	2	8	5	6	3	4	9	1
3	9	1	2	4	8	5	6	7
4	5	6	7	1	9	3	8	2
9	6	5	3	2	4	1	7	8
2	8	7	9	5	1	6	3	4
1	4	3	8	7	6	2	5	9
5	3	9	1	8	2	7	4	6
6	7	2	4	9	5	8	1	3
8	1	4	6	3	7	9	2	5

SUDOKU ANSWERS

49

7	2	3	1	8	5	9	6	4
5	4	8	6	9	3	1	2	7
6	1	9	2	7	4	8	3	5
8	7	2	3	5	1	6	4	9
3	6	1	9	4	2	7	5	8
9	5	4	7	6	8	2	1	3
1	9	5	8	3	6	4	7	2
2	3	7	4	1	9	5	8	6
4	8	6	5	2	7	3	9	1

50

2	9	1	8	7	5	4	6	3
6	8	4	9	3	1	7	5	2
3	5	7	4	2	6	8	1	9
8	7	3	5	6	9	1	2	4
9	4	6	1	8	2	5	3	7
1	2	5	3	4	7	6	9	8
5	1	2	7	9	8	3	4	6
7	3	9	6	1	4	2	8	5
4	6	8	2	5	3	9	7	1

51

9	1	2	4	3	5	6	8	7
3	6	4	8	7	2	1	5	9
8	5	7	6	1	9	2	4	3
5	9	3	1	4	7	8	6	2
6	7	1	9	2	8	4	3	5
4	2	8	3	5	6	9	7	1
7	4	5	2	8	1	3	9	6
1	3	9	7	6	4	5	2	8
2	8	6	5	9	3	7	1	4

52

5	7	3	4	9	1	6	8	2
1	2	8	6	5	3	7	4	9
9	4	6	7	8	2	3	1	5
8	6	9	3	2	7	4	5	1
3	5	4	1	6	9	2	7	8
2	1	7	5	4	8	9	3	6
7	3	2	9	1	5	8	6	4
4	8	5	2	7	6	1	9	3
6	9	1	8	3	4	5	2	7

53

8	5	4	6	2	7	3	9	1
9	3	7	1	8	4	5	6	2
2	1	6	3	9	5	4	7	8
1	7	5	4	6	3	2	8	9
3	4	8	2	1	9	7	5	6
6	9	2	7	5	8	1	4	3
7	8	9	5	3	2	6	1	4
5	6	3	9	4	1	8	2	7
4	2	1	8	7	6	9	3	5

54

6	4	5	9	1	3	7	2	8
3	8	2	6	4	7	1	5	9
1	9	7	8	5	2	4	6	3
7	3	1	4	6	8	2	9	5
2	6	9	5	3	1	8	4	7
4	5	8	7	2	9	3	1	6
8	7	6	1	9	4	5	3	2
5	2	4	3	8	6	9	7	1
9	1	3	2	7	5	6	8	4

55

1	7	5	3	2	9	8	4	6
4	3	2	1	8	6	7	9	5
6	9	8	7	5	4	2	1	3
5	8	3	4	1	2	9	6	7
7	1	9	6	3	8	4	5	2
2	4	6	9	7	5	1	3	8
3	2	1	5	9	7	6	8	4
9	6	7	8	4	3	5	2	1
8	5	4	2	6	1	3	7	9

56

3	8	2	4	1	7	9	5	6
4	6	7	2	9	5	8	3	1
5	9	1	8	3	6	4	2	7
6	3	5	7	2	4	1	9	8
9	7	8	5	6	1	3	4	2
1	2	4	9	8	3	6	7	5
2	1	6	3	7	9	5	8	4
7	5	3	6	4	8	2	1	9
8	4	9	1	5	2	7	6	3

SUDOKU ANSWERS

57

5	8	4	3	6	1	9	2	7
1	9	3	2	8	7	6	4	5
7	6	2	5	9	4	8	1	3
2	7	8	4	3	9	1	5	6
6	5	9	1	7	2	4	3	8
4	3	1	6	5	8	2	7	9
9	1	6	7	2	5	3	8	4
8	4	5	9	1	3	7	6	2
3	2	7	8	4	6	5	9	1

58

3	8	6	4	5	7	1	9	2
7	9	4	8	2	1	5	6	3
5	1	2	3	6	9	4	8	7
8	4	3	7	1	6	9	2	5
2	7	5	9	4	3	8	1	6
9	6	1	2	8	5	7	3	4
6	3	9	5	7	8	2	4	1
1	2	7	6	9	4	3	5	8
4	5	8	1	3	2	6	7	9

59

1	2	8	4	9	6	3	7	5
3	4	9	1	7	5	2	6	8
5	6	7	8	2	3	1	9	4
7	3	4	5	6	2	9	8	1
9	8	6	7	4	1	5	2	3
2	1	5	9	3	8	6	4	7
8	9	3	2	1	4	7	5	6
4	7	1	6	5	9	8	3	2
6	5	2	3	8	7	4	1	9

60

4	6	5	2	1	9	8	3	7
3	8	1	4	5	7	9	2	6
2	7	9	6	8	3	1	5	4
8	9	7	3	6	5	4	1	2
5	2	3	1	9	4	7	6	8
1	4	6	8	7	2	3	9	5
6	1	2	9	4	8	5	7	3
7	3	8	5	2	1	6	4	9
9	5	4	7	3	6	2	8	1

61

2	4	5	1	9	6	8	7	3
1	3	9	5	8	7	6	4	2
7	6	8	4	2	3	1	5	9
6	5	7	9	3	1	4	2	8
9	8	1	7	4	2	5	3	6
4	2	3	6	5	8	9	1	7
8	9	4	3	7	5	2	6	1
3	1	2	8	6	4	7	9	5
5	7	6	2	1	9	3	8	4

62

4	5	2	9	6	1	3	8	7
9	8	6	3	7	5	1	4	2
7	1	3	8	4	2	5	9	6
6	3	4	2	9	8	7	1	5
2	7	8	1	5	6	9	3	4
5	9	1	4	3	7	6	2	8
3	6	9	7	8	4	2	5	1
1	4	5	6	2	3	8	7	9
8	2	7	5	1	9	4	6	3

63

2	6	3	1	8	9	4	5	7
4	1	8	2	7	5	9	3	6
7	5	9	3	6	4	2	1	8
5	3	7	4	2	1	8	6	9
9	4	1	6	3	8	7	2	5
6	8	2	5	9	7	3	4	1
3	9	4	7	1	6	5	8	2
1	7	5	8	4	2	6	9	3
8	2	6	9	5	3	1	7	4

64

7	9	6	8	3	1	5	4	2
4	3	5	2	7	6	8	9	1
8	1	2	5	9	4	6	7	3
2	6	9	7	1	3	4	5	8
1	7	8	4	6	5	3	2	9
5	4	3	9	2	8	7	1	6
9	8	1	3	4	7	2	6	5
6	5	4	1	8	2	9	3	7
3	2	7	6	5	9	1	8	4

SUDOKU ANSWERS

65

4	2	6	8	9	7	1	5	3
9	7	3	1	4	5	6	2	8
5	8	1	3	6	2	9	7	4
8	6	4	5	2	3	7	1	9
1	5	7	4	8	9	3	6	2
2	3	9	6	7	1	8	4	5
6	1	2	9	5	8	4	3	7
3	9	5	7	1	4	2	8	6
7	4	8	2	3	6	5	9	1

66

2	3	8	5	9	1	7	4	6
7	9	6	4	3	8	5	2	1
4	1	5	6	2	7	8	3	9
6	2	9	1	7	3	4	5	8
5	4	3	9	8	6	2	1	7
8	7	1	2	4	5	9	6	3
3	6	4	8	5	9	1	7	2
1	8	2	7	6	4	3	9	5
9	5	7	3	1	2	6	8	4

67

8	5	7	9	3	4	1	2	6
3	1	9	2	6	7	5	4	8
6	2	4	5	8	1	3	9	7
1	7	6	3	9	8	4	5	2
9	4	8	7	2	5	6	1	3
5	3	2	4	1	6	8	7	9
2	9	5	8	4	3	7	6	1
7	8	1	6	5	9	2	3	4
4	6	3	1	7	2	9	8	5

68

7	5	2	8	6	9	4	3	1
6	4	9	3	5	1	8	7	2
8	1	3	4	2	7	9	5	6
3	7	1	2	4	5	6	9	8
4	2	8	6	9	3	7	1	5
5	9	6	1	7	8	2	4	3
9	8	7	5	1	6	3	2	4
2	3	5	9	8	4	1	6	7
1	6	4	7	3	2	5	8	9

69

1	5	8	6	7	9	3	2	4
7	9	3	2	5	4	8	6	1
6	2	4	8	1	3	5	7	9
5	6	7	4	9	1	2	8	3
4	8	9	3	6	2	7	1	5
2	3	1	5	8	7	9	4	6
3	4	6	7	2	5	1	9	8
9	7	5	1	4	8	6	3	2
8	1	2	9	3	6	4	5	7

70

8	9	7	1	3	4	2	6	5
6	1	2	7	9	5	3	8	4
3	5	4	8	2	6	1	7	9
7	4	3	9	6	2	5	1	8
1	2	6	5	8	3	4	9	7
5	8	9	4	1	7	6	2	3
9	3	5	6	7	1	8	4	2
2	6	8	3	4	9	7	5	1
4	7	1	2	5	8	9	3	6

71

4	2	9	6	7	8	3	1	5
8	7	3	9	1	5	2	6	4
6	1	5	2	3	4	8	9	7
3	8	2	4	6	1	7	5	9
7	6	1	5	2	9	4	3	8
9	5	4	3	8	7	6	2	1
2	4	7	1	5	3	9	8	6
1	9	6	8	4	2	5	7	3
5	3	8	7	9	6	1	4	2

72

4	3	1	5	7	2	8	9	6
8	6	7	4	1	9	5	3	2
5	9	2	8	3	6	1	7	4
6	7	8	9	5	1	2	4	3
2	5	3	6	4	8	9	1	7
1	4	9	7	2	3	6	8	5
9	8	5	3	6	4	7	2	1
3	1	6	2	8	7	4	5	9
7	2	4	1	9	5	3	6	8

SUDOKU ANSWERS

73

4	8	9	2	5	6	1	3	7
1	3	2	7	8	4	9	5	6
6	7	5	9	1	3	4	8	2
5	6	8	1	7	2	3	4	9
7	2	1	4	3	9	5	6	8
3	9	4	8	6	5	7	2	1
9	4	7	3	2	8	6	1	5
2	1	6	5	4	7	8	9	3
8	5	3	6	9	1	2	7	4

74

1	4	3	8	6	2	5	7	9
6	9	8	4	7	5	3	2	1
5	7	2	9	1	3	6	4	8
3	1	7	2	9	8	4	5	6
4	2	6	1	5	7	8	9	3
8	5	9	3	4	6	2	1	7
9	6	1	5	3	4	7	8	2
2	3	5	7	8	9	1	6	4
7	8	4	6	2	1	9	3	5

75

5	2	3	1	8	4	9	6	7
7	1	8	5	9	6	4	2	3
6	9	4	7	3	2	1	8	5
3	8	7	4	1	5	2	9	6
2	4	5	9	6	3	8	7	1
9	6	1	8	2	7	5	3	4
4	5	2	6	7	9	3	1	8
1	3	6	2	5	8	7	4	9
8	7	9	3	4	1	6	5	2

76

8	3	4	6	7	5	1	2	9
2	9	5	4	1	3	8	6	7
1	6	7	8	9	2	3	5	4
5	8	2	3	6	9	7	4	1
3	4	6	7	8	1	2	9	5
9	7	1	2	5	4	6	8	3
7	5	8	9	3	6	4	1	2
4	1	3	5	2	8	9	7	6
6	2	9	1	4	7	5	3	8

77

3	1	4	8	7	9	2	5	6
9	6	2	1	4	5	3	8	7
7	8	5	3	6	2	1	9	4
2	4	7	5	3	8	9	6	1
1	3	8	4	9	6	5	7	2
6	5	9	2	1	7	4	3	8
4	7	6	9	2	3	8	1	5
5	9	1	7	8	4	6	2	3
8	2	3	6	5	1	7	4	9

78

1	4	8	2	9	5	6	7	3
6	5	3	7	4	1	2	8	9
7	9	2	3	6	8	1	4	5
3	2	4	9	8	6	5	1	7
5	1	9	4	7	3	8	6	2
8	6	7	1	5	2	3	9	4
9	3	6	5	1	7	4	2	8
2	7	1	8	3	4	9	5	6
4	8	5	6	2	9	7	3	1

79

1	3	9	4	5	6	7	8	2
2	5	4	8	9	7	3	1	6
7	8	6	3	2	1	4	9	5
8	7	5	6	1	2	9	3	4
3	4	2	9	7	8	5	6	1
6	9	1	5	4	3	8	2	7
9	1	3	7	6	4	2	5	8
4	2	8	1	3	5	6	7	9
5	6	7	2	8	9	1	4	3

80

7	8	3	6	1	9	4	5	2
5	1	2	3	8	4	6	9	7
4	9	6	5	7	2	1	8	3
3	4	9	2	5	8	7	6	1
2	6	5	7	3	1	8	4	9
8	7	1	4	9	6	3	2	5
1	2	8	9	4	7	5	3	6
6	3	4	1	2	5	9	7	8
9	5	7	8	6	3	2	1	4

SUDOKU ANSWERS

81

7	2	8	5	1	6	4	3	9
4	1	5	2	3	9	8	7	6
3	9	6	8	7	4	1	2	5
6	3	9	7	4	2	5	1	8
5	7	2	6	8	1	3	9	4
8	4	1	9	5	3	2	6	7
1	5	7	3	9	8	6	4	2
2	8	3	4	6	7	9	5	1
9	6	4	1	2	5	7	8	3

82

4	1	3	9	6	2	7	8	5
2	5	8	7	4	1	3	6	9
6	7	9	5	8	3	1	4	2
1	6	5	2	7	8	4	9	3
8	4	7	1	3	9	5	2	6
3	9	2	4	5	6	8	1	7
7	8	1	6	9	5	2	3	4
9	2	4	3	1	7	6	5	8
5	3	6	8	2	4	9	7	1

83

6	7	5	1	8	2	4	9	3
8	1	3	4	9	7	6	5	2
4	9	2	6	3	5	7	8	1
3	2	8	7	6	9	5	1	4
1	4	7	2	5	3	9	6	8
9	5	6	8	1	4	2	3	7
5	8	4	9	2	1	3	7	6
2	6	9	3	7	8	1	4	5
7	3	1	5	4	6	8	2	9

84

1	3	6	9	8	7	4	5	2
4	9	2	5	3	1	6	8	7
7	8	5	6	4	2	9	1	3
8	5	7	2	6	9	1	3	4
3	2	1	7	5	4	8	6	9
6	4	9	3	1	8	2	7	5
2	1	4	8	7	5	3	9	6
5	6	8	4	9	3	7	2	1
9	7	3	1	2	6	5	4	8

85

4	3	5	2	7	9	8	6	1
2	8	1	6	3	4	9	7	5
6	9	7	5	8	1	4	3	2
1	2	6	8	4	5	7	9	3
8	5	3	7	9	6	2	1	4
7	4	9	3	1	2	5	8	6
3	6	4	9	5	8	1	2	7
9	1	2	4	6	7	3	5	8
5	7	8	1	2	3	6	4	9

86

6	4	5	1	7	9	3	8	2
1	3	2	5	8	4	6	7	9
8	9	7	2	3	6	4	1	5
4	8	9	6	2	7	5	3	1
5	2	6	3	1	8	9	4	7
3	7	1	9	4	5	8	2	6
7	6	4	8	5	2	1	9	3
9	1	8	7	6	3	2	5	4
2	5	3	4	9	1	7	6	8

87

6	7	5	4	8	2	9	3	1
1	8	2	9	7	3	6	4	5
3	9	4	6	5	1	8	7	2
8	4	7	5	2	9	1	6	3
9	1	6	7	3	8	5	2	4
2	5	3	1	4	6	7	9	8
7	3	1	2	9	5	4	8	6
5	2	9	8	6	4	3	1	7
4	6	8	3	1	7	2	5	9

88

6	8	5	2	4	7	3	9	1
7	9	1	8	5	3	6	2	4
3	2	4	6	9	1	8	7	5
5	4	7	9	6	2	1	3	8
2	1	3	5	7	8	9	4	6
9	6	8	1	3	4	7	5	2
1	7	6	3	2	5	4	8	9
4	5	9	7	8	6	2	1	3
8	3	2	4	1	9	5	6	7

SUDOKU ANSWERS

89

1	6	2	7	4	3	9	5	8
9	5	4	8	2	6	1	3	7
3	8	7	5	1	9	4	6	2
5	1	3	4	8	2	6	7	9
2	4	8	6	9	7	5	1	3
6	7	9	3	5	1	2	8	4
7	2	6	9	3	5	8	4	1
8	9	5	1	7	4	3	2	6
4	3	1	2	6	8	7	9	5

90

7	2	3	9	6	8	1	5	4
5	6	9	7	1	4	8	2	3
1	8	4	3	2	5	7	9	6
8	7	6	4	9	3	5	1	2
4	5	2	1	8	7	6	3	9
9	3	1	2	5	6	4	8	7
3	4	5	8	7	9	2	6	1
6	1	7	5	3	2	9	4	8
2	9	8	6	4	1	3	7	5

91

4	2	7	3	9	1	5	8	6
6	9	8	2	4	5	7	1	3
3	5	1	6	8	7	9	4	2
7	3	9	4	5	6	1	2	8
1	8	6	9	7	2	4	3	5
2	4	5	1	3	8	6	7	9
8	7	3	5	6	4	2	9	1
5	1	4	8	2	9	3	6	7
9	6	2	7	1	3	8	5	4

92

2	6	1	4	3	9	7	5	8
7	4	3	2	8	5	6	1	9
9	5	8	7	1	6	3	4	2
3	9	4	5	2	7	1	8	6
1	7	5	9	6	8	2	3	4
8	2	6	1	4	3	9	7	5
5	3	7	8	9	2	4	6	1
6	1	9	3	5	4	8	2	7
4	8	2	6	7	1	5	9	3

93

8	7	9	2	5	4	3	6	1
1	3	6	7	8	9	2	5	4
2	4	5	6	3	1	8	9	7
5	2	3	9	1	6	4	7	8
4	9	7	8	2	5	6	1	3
6	8	1	4	7	3	5	2	9
9	5	2	3	4	7	1	8	6
7	1	4	5	6	8	9	3	2
3	6	8	1	9	2	7	4	5

94

4	9	1	5	8	6	2	7	3
3	2	6	7	4	9	8	5	1
7	5	8	1	3	2	4	6	9
8	6	2	9	5	3	7	1	4
5	7	4	2	1	8	3	9	6
9	1	3	6	7	4	5	8	2
1	4	9	8	2	7	6	3	5
2	8	5	3	6	1	9	4	7
6	3	7	4	9	5	1	2	8

95

9	2	3	8	4	7	6	1	5
4	7	6	1	5	3	9	8	2
8	1	5	2	9	6	7	3	4
2	3	9	5	7	1	4	6	8
7	6	1	4	8	2	3	5	9
5	8	4	6	3	9	2	7	1
3	5	7	9	1	4	8	2	6
1	4	2	7	6	8	5	9	3
6	9	8	3	2	5	1	4	7

96

5	6	1	7	2	3	9	4	8
4	7	3	1	8	9	5	2	6
9	8	2	6	5	4	7	1	3
8	2	9	4	6	1	3	7	5
6	3	5	2	9	7	1	8	4
1	4	7	5	3	8	2	6	9
7	5	8	3	1	6	4	9	2
3	1	6	9	4	2	8	5	7
2	9	4	8	7	5	6	3	1

SUDOKU ANSWERS

97

8	6	7	3	4	1	2	9	5
9	5	1	2	7	6	3	8	4
4	3	2	5	9	8	1	7	6
7	9	4	6	2	3	5	1	8
3	1	5	4	8	9	7	6	2
6	2	8	7	1	5	4	3	9
2	8	3	1	6	4	9	5	7
5	7	9	8	3	2	6	4	1
1	4	6	9	5	7	8	2	3

98

2	1	7	8	4	6	5	3	9
4	9	3	5	7	1	2	6	8
6	8	5	9	2	3	7	4	1
7	4	6	1	8	2	9	5	3
8	2	9	3	5	4	1	7	6
5	3	1	6	9	7	8	2	4
9	7	2	4	6	8	3	1	5
3	6	8	2	1	5	4	9	7
1	5	4	7	3	9	6	8	2

99

1	4	8	2	9	5	7	6	3
5	2	3	4	7	6	1	8	9
9	7	6	8	3	1	2	5	4
7	8	2	3	6	9	5	4	1
4	3	9	1	5	8	6	2	7
6	5	1	7	2	4	9	3	8
8	6	4	5	1	7	3	9	2
3	9	7	6	8	2	4	1	5
2	1	5	9	4	3	8	7	6

100

9	2	4	1	6	7	8	5	3
6	7	8	9	3	5	2	1	4
3	1	5	8	2	4	7	9	6
4	5	9	3	7	8	1	6	2
7	6	3	2	5	1	9	4	8
1	8	2	4	9	6	5	3	7
8	3	7	5	4	9	6	2	1
5	4	6	7	1	2	3	8	9
2	9	1	6	8	3	4	7	5

101

7	9	6	4	1	5	8	3	2
5	4	3	8	6	2	9	1	7
2	1	8	7	9	3	6	4	5
8	2	5	6	7	1	3	9	4
1	7	4	9	3	8	2	5	6
6	3	9	2	5	4	1	7	8
3	6	2	5	4	9	7	8	1
4	8	1	3	2	7	5	6	9
9	5	7	1	8	6	4	2	3

102

5	6	9	4	7	3	1	8	2
7	3	2	6	8	1	4	9	5
1	8	4	2	5	9	7	3	6
8	2	5	9	1	6	3	4	7
3	4	7	8	2	5	6	1	9
6	9	1	3	4	7	2	5	8
9	7	6	5	3	4	8	2	1
4	1	8	7	9	2	5	6	3
2	5	3	1	6	8	9	7	4

103

5	6	1	7	2	3	8	9	4
7	3	8	9	1	4	6	5	2
9	2	4	8	5	6	7	1	3
8	7	3	2	4	1	5	6	9
4	1	9	6	8	5	2	3	7
2	5	6	3	7	9	1	4	8
1	4	2	5	9	8	3	7	6
6	8	5	4	3	7	9	2	1
3	9	7	1	6	2	4	8	5

104

7	9	1	6	8	4	5	3	2
4	8	2	9	3	5	7	1	6
6	5	3	2	1	7	4	9	8
2	7	9	8	5	6	3	4	1
5	1	8	3	4	9	2	6	7
3	6	4	1	7	2	8	5	9
9	3	6	5	2	8	1	7	4
8	4	5	7	6	1	9	2	3
1	2	7	4	9	3	6	8	5

SUDOKU ANSWERS

105

5	7	4	6	9	3	1	8	2
1	8	6	2	4	7	3	9	5
3	9	2	8	5	1	6	4	7
4	2	8	5	1	9	7	6	3
7	1	9	3	6	2	4	5	8
6	3	5	4	7	8	9	2	1
8	6	7	9	3	5	2	1	4
9	5	3	1	2	4	8	7	6
2	4	1	7	8	6	5	3	9

106

6	9	7	1	3	2	8	4	5
8	5	3	7	6	4	9	2	1
4	2	1	9	5	8	3	7	6
5	7	8	4	2	3	6	1	9
1	3	9	8	7	6	4	5	2
2	4	6	5	9	1	7	8	3
9	8	4	6	1	5	2	3	7
3	6	5	2	8	7	1	9	4
7	1	2	3	4	9	5	6	8

107

9	4	6	7	3	2	1	5	8
2	3	5	4	8	1	7	9	6
7	8	1	5	6	9	3	2	4
5	9	7	6	1	3	4	8	2
1	2	8	9	7	4	5	6	3
4	6	3	8	2	5	9	1	7
8	1	9	3	4	6	2	7	5
6	5	4	2	9	7	8	3	1
3	7	2	1	5	8	6	4	9

108

9	8	4	3	7	6	5	1	2
6	5	1	4	9	2	3	8	7
2	3	7	8	5	1	4	6	9
8	6	2	7	4	5	1	9	3
7	4	9	2	1	3	6	5	8
3	1	5	9	6	8	7	2	4
1	2	8	6	3	7	9	4	5
5	9	3	1	8	4	2	7	6
4	7	6	5	2	9	8	3	1

109

4	3	7	5	9	1	6	8	2
1	8	6	3	2	7	4	9	5
2	9	5	6	4	8	1	3	7
8	4	1	9	7	3	2	5	6
5	7	2	8	1	6	9	4	3
9	6	3	4	5	2	7	1	8
6	5	4	7	8	9	3	2	1
3	2	9	1	6	5	8	7	4
7	1	8	2	3	4	5	6	9

110

9	4	2	7	1	6	5	3	8
3	5	7	8	4	2	9	1	6
1	8	6	9	3	5	4	7	2
6	3	9	4	2	7	1	8	5
2	7	4	1	5	8	6	9	3
8	1	5	3	6	9	7	2	4
5	9	3	6	8	1	2	4	7
4	6	1	2	7	3	8	5	9
7	2	8	5	9	4	3	6	1

111

8	4	5	1	2	3	7	9	6
3	6	9	7	5	4	1	2	8
2	1	7	9	6	8	3	5	4
9	8	1	2	4	5	6	3	7
4	2	3	6	1	7	5	8	9
7	5	6	3	8	9	4	1	2
5	9	8	4	7	1	2	6	3
6	3	4	5	9	2	8	7	1
1	7	2	8	3	6	9	4	5

112

7	6	5	8	3	1	9	2	4
3	4	2	9	5	6	1	7	8
9	1	8	4	2	7	3	6	5
1	7	4	5	6	2	8	9	3
5	3	6	7	8	9	4	1	2
8	2	9	3	1	4	7	5	6
4	5	7	2	9	8	6	3	1
6	9	3	1	4	5	2	8	7
2	8	1	6	7	3	5	4	9

SUDOKU ANSWERS

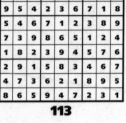

113

3	1	8	4	7	9	6	5	2
6	2	7	1	5	8	9	4	3
9	5	4	2	3	6	7	1	8
5	4	6	7	1	2	3	8	9
7	3	9	8	6	5	1	2	4
1	8	2	3	9	4	5	7	6
2	9	1	5	8	3	4	6	7
4	7	3	6	2	1	8	9	5
8	6	5	9	4	7	2	3	1

114

4	9	7	6	2	5	8	3	1
5	6	8	7	1	3	2	9	4
2	3	1	8	9	4	5	6	7
7	8	3	2	5	6	4	1	9
1	5	4	3	7	9	6	2	8
6	2	9	4	8	1	7	5	3
8	4	6	9	3	2	1	7	5
9	7	5	1	6	8	3	4	2
3	1	2	5	4	7	9	8	6

115

6	8	7	1	3	4	9	5	2
1	4	2	5	9	7	6	3	8
9	3	5	6	8	2	4	7	1
8	9	3	2	7	5	1	4	6
5	6	4	3	1	8	2	9	7
2	7	1	9	4	6	3	8	5
4	5	6	7	2	9	8	1	3
3	2	8	4	5	1	7	6	9
7	1	9	8	6	3	5	2	4

116

8	1	5	6	3	7	2	9	4
7	6	4	9	5	2	1	8	3
3	2	9	8	4	1	5	7	6
4	9	2	3	8	5	7	6	1
6	5	8	1	7	4	3	2	9
1	3	7	2	9	6	4	5	8
2	8	6	5	1	3	9	4	7
9	7	1	4	2	8	6	3	5
5	4	3	7	6	9	8	1	2

117

2	9	4	6	1	8	3	5	7
3	5	8	7	4	9	6	1	2
6	1	7	2	3	5	8	4	9
9	2	6	8	7	4	1	3	5
1	7	5	3	9	6	4	2	8
8	4	3	5	2	1	9	7	6
4	6	2	1	8	7	5	9	3
5	3	9	4	6	2	7	8	1
7	8	1	9	5	3	2	6	4

118

3	7	4	2	8	9	1	5	6
1	2	9	3	5	6	8	4	7
5	8	6	1	4	7	3	9	2
2	5	1	9	6	3	7	8	4
4	6	8	7	1	5	2	3	9
9	3	7	8	2	4	5	6	1
6	1	2	5	9	8	4	7	3
8	9	3	4	7	2	6	1	5
7	4	5	6	3	1	9	2	8

119

6	9	2	4	7	3	8	1	5
8	4	3	1	9	5	2	6	7
7	1	5	6	8	2	9	3	4
5	2	6	3	1	9	7	4	8
4	3	9	8	5	7	1	2	6
1	7	8	2	4	6	5	9	3
9	6	1	5	3	8	4	7	2
2	8	7	9	6	4	3	5	1
3	5	4	7	2	1	6	8	9

120

3	9	7	5	1	8	2	6	4
8	6	2	9	7	4	5	1	3
5	4	1	3	6	2	7	8	9
7	2	4	6	3	5	1	9	8
6	8	3	1	2	9	4	7	5
1	5	9	8	4	7	3	2	6
4	3	6	7	9	1	8	5	2
9	1	8	2	5	3	6	4	7
2	7	5	4	8	6	9	3	1

SUDOKU ANSWERS

121

1	6	7	5	3	8	4	9	2
5	2	9	4	6	1	3	8	7
3	8	4	9	7	2	6	1	5
6	7	2	8	1	4	5	3	9
9	5	1	3	2	7	8	6	4
4	3	8	6	5	9	7	2	1
7	9	3	1	4	6	2	5	8
8	4	6	2	9	5	1	7	3
2	1	5	7	8	3	9	4	6

122

1	4	3	2	8	5	9	6	7
2	6	8	1	7	9	4	3	5
5	7	9	6	4	3	2	8	1
4	8	2	5	3	6	7	1	9
7	5	6	9	1	8	3	2	4
3	9	1	4	2	7	6	5	8
8	2	5	3	9	4	1	7	6
6	3	4	7	5	1	8	9	2
9	1	7	8	6	2	5	4	3

123

7	2	6	9	8	3	5	4	1
8	1	9	4	5	7	6	3	2
4	3	5	2	1	6	8	7	9
1	7	3	6	4	2	9	5	8
2	6	8	3	9	5	7	1	4
5	9	4	8	7	1	3	2	6
3	4	7	1	6	9	2	8	5
9	5	1	7	2	8	4	6	3
6	8	2	5	3	4	1	9	7

124

9	2	8	3	4	6	1	7	5
6	1	4	7	2	5	3	9	8
3	7	5	9	1	8	4	2	6
2	8	1	5	9	4	7	6	3
5	6	7	2	8	3	9	4	1
4	3	9	1	6	7	8	5	2
7	4	2	8	5	1	6	3	9
8	9	6	4	3	2	5	1	7
1	5	3	6	7	9	2	8	4

125

8	9	3	7	4	5	1	6	2
2	4	6	9	1	8	5	3	7
5	1	7	2	6	3	8	9	4
9	8	2	3	7	4	6	5	1
7	3	1	5	8	6	4	2	9
6	5	4	1	2	9	3	7	8
3	2	5	4	9	1	7	8	6
1	7	8	6	5	2	9	4	3
4	6	9	8	3	7	2	1	5

126

4	3	9	1	2	7	8	6	5
2	5	8	3	4	6	9	7	1
7	1	6	5	9	8	4	2	3
1	9	2	4	8	5	6	3	7
5	6	3	9	7	1	2	8	4
8	7	4	2	6	3	5	1	9
6	8	5	7	1	4	3	9	2
3	2	7	8	5	9	1	4	6
9	4	1	6	3	2	7	5	8

127

8	9	7	2	5	1	4	3	6
4	3	6	7	9	8	2	1	5
5	1	2	6	4	3	8	7	9
6	8	1	4	3	7	9	5	2
3	4	5	1	2	9	6	8	7
2	7	9	8	6	5	3	4	1
7	6	4	3	1	2	5	9	8
1	5	3	9	8	6	7	2	4
9	2	8	5	7	4	1	6	3

128

9	5	3	8	6	7	4	2	1
4	2	7	9	3	1	5	6	8
6	1	8	4	5	2	7	9	3
2	4	6	1	8	9	3	7	5
8	7	1	3	2	5	6	4	9
3	9	5	6	7	4	8	1	2
7	6	9	5	1	3	2	8	4
1	3	2	7	4	8	9	5	6
5	8	4	2	9	6	1	3	7

SUDOKU ANSWERS

129

8	9	1	3	4	5	7	2	6
3	6	7	2	9	8	4	1	5
4	2	5	7	6	1	8	9	3
7	4	2	9	5	3	6	8	1
1	5	9	6	8	2	3	7	4
6	8	3	4	1	7	9	5	2
5	3	6	8	2	9	1	4	7
2	7	8	1	3	4	5	6	9
9	1	4	5	7	6	2	3	8

130

1	7	6	9	3	8	2	5	4
5	2	8	1	7	4	6	3	9
3	9	4	5	2	6	1	8	7
7	3	2	6	1	9	5	4	8
8	6	9	4	5	7	3	1	2
4	5	1	3	8	2	9	7	6
6	1	7	8	9	3	4	2	5
2	4	3	7	6	5	8	9	1
9	8	5	2	4	1	7	6	3

131

6	8	9	2	4	1	3	5	7
2	4	1	7	3	5	9	8	6
5	7	3	6	8	9	4	2	1
8	2	7	9	1	3	5	6	4
9	3	6	5	2	4	7	1	8
1	5	4	8	7	6	2	9	3
3	6	2	1	9	7	8	4	5
4	9	5	3	6	8	1	7	2
7	1	8	4	5	2	6	3	9

132

1	6	8	4	9	2	3	5	7
5	9	3	7	8	1	4	2	6
7	4	2	3	6	5	1	9	8
3	2	6	8	5	9	7	1	4
9	1	7	2	4	3	6	8	5
4	8	5	6	1	7	9	3	2
6	3	1	5	2	4	8	7	9
8	5	9	1	7	6	2	4	3
2	7	4	9	3	8	5	6	1

133

3	7	6	1	5	8	4	2	9
2	9	8	4	6	7	1	5	3
5	1	4	3	2	9	8	7	6
6	4	7	8	3	2	5	9	1
9	3	5	6	1	4	7	8	2
8	2	1	9	7	5	6	3	4
7	6	2	5	4	3	9	1	8
4	8	3	7	9	1	2	6	5
1	5	9	2	8	6	3	4	7

134

1	7	4	3	6	2	8	5	9
3	8	5	9	1	7	6	2	4
9	6	2	5	8	4	7	3	1
2	5	3	6	7	1	4	9	8
6	4	8	2	9	3	5	1	7
7	1	9	4	5	8	3	6	2
8	9	6	7	2	5	1	4	3
5	3	7	1	4	9	2	8	6
4	2	1	8	3	6	9	7	5

135

9	1	4	8	3	6	7	5	2
5	7	2	9	1	4	8	6	3
6	8	3	2	5	7	4	1	9
1	3	8	6	9	5	2	7	4
4	9	5	7	2	8	6	3	1
2	6	7	3	4	1	9	8	5
8	4	1	5	6	9	3	2	7
7	2	9	1	8	3	5	4	6
3	5	6	4	7	2	1	9	8

136

5	1	6	4	7	3	2	9	8
3	7	8	2	6	9	1	4	5
2	4	9	1	8	5	6	7	3
8	2	5	9	4	6	3	1	7
6	3	1	7	5	2	9	8	4
7	9	4	8	3	1	5	2	6
4	6	2	3	9	7	8	5	1
9	5	7	6	1	8	4	3	2
1	8	3	5	2	4	7	6	9

SUDOKU ANSWERS

137

4	3	8	5	7	2	1	6	9
9	5	2	1	6	3	7	4	8
1	6	7	9	8	4	3	5	2
6	9	3	7	2	8	5	1	4
8	2	5	3	4	1	9	7	6
7	4	1	6	5	9	8	2	3
3	1	4	2	9	5	6	8	7
5	8	6	4	3	7	2	9	1
2	7	9	8	1	6	4	3	5

138

4	1	3	8	2	5	7	6	9
9	6	7	3	1	4	2	5	8
2	8	5	6	7	9	4	3	1
3	7	2	5	8	6	9	1	4
1	4	8	9	3	7	5	2	6
5	9	6	2	4	1	3	8	7
6	2	9	4	5	8	1	7	3
8	3	1	7	9	2	6	4	5
7	5	4	1	6	3	8	9	2

139

9	2	7	3	5	4	8	1	6
6	3	8	9	7	1	2	5	4
5	1	4	8	6	2	9	7	3
3	6	2	4	1	7	5	9	8
1	4	9	5	2	8	6	3	7
8	7	5	6	9	3	4	2	1
2	8	6	1	3	5	7	4	9
4	5	1	7	8	9	3	6	2
7	9	3	2	4	6	1	8	5

140

8	4	1	9	3	5	2	6	7
2	3	9	6	7	8	4	5	1
7	5	6	4	1	2	9	8	3
3	9	2	5	8	1	7	4	6
4	1	5	7	6	9	8	3	2
6	7	8	2	4	3	1	9	5
9	6	7	1	5	4	3	2	8
5	8	4	3	2	7	6	1	9
1	2	3	8	9	6	5	7	4

141

6	5	2	4	3	8	7	9	1
4	9	3	7	1	5	8	2	6
7	1	8	2	6	9	4	5	3
3	6	4	5	8	1	9	7	2
1	2	5	3	9	7	6	8	4
8	7	9	6	4	2	1	3	5
9	4	6	8	5	3	2	1	7
5	8	7	1	2	4	3	6	9
2	3	1	9	7	6	5	4	8

142

8	9	7	6	3	1	2	5	4
1	2	4	9	8	5	7	6	3
6	3	5	4	7	2	1	8	9
5	6	1	7	2	9	3	4	8
2	8	3	1	6	4	5	9	7
7	4	9	3	5	8	6	2	1
3	7	2	8	9	6	4	1	5
4	5	8	2	1	7	9	3	6
9	1	6	5	4	3	8	7	2

143

1	9	2	8	3	7	4	6	5
4	7	3	5	6	1	8	2	9
5	6	8	9	2	4	3	7	1
7	1	5	6	4	8	2	9	3
2	8	4	7	9	3	5	1	6
6	3	9	1	5	2	7	8	4
3	4	7	2	1	9	6	5	8
9	2	6	3	8	5	1	4	7
8	5	1	4	7	6	9	3	2

144

8	3	1	2	7	4	9	5	6
9	2	5	8	6	3	1	4	7
7	4	6	1	5	9	2	3	8
2	6	3	4	9	5	7	8	1
4	9	8	7	1	2	5	6	3
1	5	7	6	3	8	4	2	9
6	7	2	5	8	1	3	9	4
5	1	9	3	4	6	8	7	2
3	8	4	9	2	7	6	1	5

SUDOKU ANSWERS

145

2	5	4	7	3	1	8	6	9
1	3	7	6	9	8	4	5	2
8	9	6	2	5	4	3	1	7
3	1	2	8	4	7	6	9	5
5	7	9	3	6	2	1	4	8
4	6	8	5	1	9	7	2	3
6	4	5	9	7	3	2	8	1
9	2	3	1	8	6	5	7	4
7	8	1	4	2	5	9	3	6

146

1	4	9	8	6	7	3	5	2
2	3	7	4	5	1	8	6	9
5	6	8	3	9	2	7	1	4
9	2	5	1	7	3	4	8	6
8	1	3	9	4	6	2	7	5
4	7	6	5	2	8	1	9	3
6	9	1	7	3	4	5	2	8
7	5	4	2	8	9	6	3	1
3	8	2	6	1	5	9	4	7

147

2	9	3	1	5	6	8	4	7
1	7	6	4	9	8	3	2	5
8	5	4	7	2	3	6	1	9
9	1	7	6	3	5	4	8	2
5	4	2	8	7	1	9	3	6
6	3	8	9	4	2	7	5	1
3	6	1	5	8	9	2	7	4
7	2	5	3	6	4	1	9	8
4	8	9	2	1	7	5	6	3

148

9	3	6	5	2	8	4	7	1
2	5	8	4	7	1	9	6	3
7	4	1	3	9	6	2	8	5
4	1	2	7	6	9	5	3	8
8	6	5	2	4	3	7	1	9
3	7	9	8	1	5	6	4	2
5	9	7	1	3	4	8	2	6
6	2	3	9	8	7	1	5	4
1	8	4	6	5	2	3	9	7

149

3	9	6	4	1	5	8	2	7
5	4	7	2	6	8	3	9	1
1	8	2	3	9	7	5	4	6
9	3	4	8	7	1	2	6	5
8	2	5	6	4	3	7	1	9
6	7	1	5	2	9	4	3	8
4	6	8	1	5	2	9	7	3
7	1	3	9	8	4	6	5	2
2	5	9	7	3	6	1	8	4

150

3	6	9	2	5	1	4	7	8
5	7	2	4	8	3	9	6	1
1	4	8	9	7	6	2	3	5
4	9	1	5	3	8	7	2	6
2	3	6	7	1	9	5	8	4
8	5	7	6	4	2	1	9	3
7	1	3	8	2	4	6	5	9
9	2	4	3	6	5	8	1	7
6	8	5	1	9	7	3	4	2

151

1	9	7	5	3	2	6	8	4
2	8	3	1	6	4	7	5	9
4	5	6	8	7	9	3	1	2
6	2	1	7	9	5	4	3	8
7	4	9	3	8	1	2	6	5
8	3	5	2	4	6	9	7	1
3	1	2	9	5	7	8	4	6
9	6	8	4	1	3	5	2	7
5	7	4	6	2	8	1	9	3

152

6	9	8	3	5	4	7	2	1
5	3	2	1	7	8	9	4	6
4	7	1	9	2	6	5	8	3
7	6	5	2	4	3	8	1	9
8	1	9	7	6	5	2	3	4
3	2	4	8	1	9	6	7	5
9	4	7	6	8	1	3	5	2
2	5	3	4	9	7	1	6	8
1	8	6	5	3	2	4	9	7

SUDOKU ANSWERS

153

5	3	4	7	6	8	9	2	1
7	1	8	5	9	2	3	4	6
2	9	6	1	4	3	7	5	8
1	2	7	4	8	9	6	3	5
8	5	3	6	2	1	4	9	7
6	4	9	3	7	5	8	1	2
4	6	1	2	3	7	5	8	9
9	7	5	8	1	4	2	6	3
3	8	2	9	5	6	1	7	4

154

3	4	5	2	7	8	1	6	9
2	6	1	4	9	3	8	5	7
8	9	7	5	6	1	4	3	2
5	7	2	8	4	6	3	9	1
4	3	8	1	2	9	5	7	6
6	1	9	7	3	5	2	4	8
1	8	6	9	5	4	7	2	3
9	2	4	3	1	7	6	8	5
7	5	3	6	8	2	9	1	4

155

7	2	4	1	8	5	3	9	6
6	9	1	3	2	4	5	8	7
5	8	3	6	9	7	2	1	4
4	7	9	2	6	8	1	3	5
8	6	2	5	3	1	4	7	9
3	1	5	4	7	9	8	6	2
9	3	8	7	5	2	6	4	1
2	4	7	8	1	6	9	5	3
1	5	6	9	4	3	7	2	8

156

2	9	6	3	5	4	7	1	8
7	8	3	2	6	1	5	9	4
1	5	4	9	7	8	2	6	3
8	3	5	7	1	2	6	4	9
4	2	7	6	8	9	1	3	5
6	1	9	5	4	3	8	7	2
5	4	1	8	3	7	9	2	6
3	6	2	1	9	5	4	8	7
9	7	8	4	2	6	3	5	1

157

6	8	9	5	2	1	4	3	7
5	2	4	7	8	3	6	1	9
7	3	1	4	9	6	2	8	5
2	1	7	9	6	4	8	5	3
8	9	3	2	5	7	1	6	4
4	6	5	1	3	8	9	7	2
1	5	2	6	7	9	3	4	8
9	4	8	3	1	5	7	2	6
3	7	6	8	4	2	5	9	1

158

3	6	5	1	7	2	9	8	4
9	4	2	3	6	8	1	7	5
1	8	7	4	5	9	6	3	2
4	2	9	7	8	1	3	5	6
7	5	3	6	9	4	8	2	1
6	1	8	5	2	3	7	4	9
5	3	1	9	4	7	2	6	8
8	9	6	2	3	5	4	1	7
2	7	4	8	1	6	5	9	3

159

4	8	5	6	1	9	7	3	2
9	2	7	3	8	5	6	4	1
1	3	6	7	2	4	9	5	8
2	6	1	5	9	8	4	7	3
8	5	9	4	3	7	1	2	6
3	7	4	2	6	1	5	8	9
7	9	2	8	4	6	3	1	5
5	1	3	9	7	2	8	6	4
6	4	8	1	5	3	2	9	7

160

4	8	7	9	5	3	6	2	1
5	2	9	4	6	1	8	7	3
1	6	3	8	7	2	5	9	4
2	3	6	5	4	7	1	8	9
9	1	4	2	3	8	7	6	5
7	5	8	1	9	6	3	4	2
6	4	5	3	8	9	2	1	7
8	9	2	7	1	5	4	3	6
3	7	1	6	2	4	9	5	8

SUDOKU ANSWERS

161

4	5	9	7	3	6	8	2	1
6	2	7	8	1	5	3	9	4
1	8	3	4	2	9	5	6	7
2	1	8	5	9	4	7	3	6
7	3	4	6	8	2	9	1	5
5	9	6	3	7	1	4	8	2
8	6	2	9	4	7	1	5	3
9	4	1	2	5	3	6	7	8
3	7	5	1	6	8	2	4	9

162

1	3	6	4	2	5	8	7	9
5	8	2	7	3	9	4	1	6
4	9	7	1	8	6	2	5	3
6	7	5	3	4	8	9	2	1
8	1	4	9	7	2	6	3	5
3	2	9	5	6	1	7	8	4
2	5	3	8	9	4	1	6	7
9	6	1	2	5	7	3	4	8
7	4	8	6	1	3	5	9	2

163

1	8	6	9	7	2	4	3	5
5	7	9	4	6	3	8	2	1
4	2	3	8	1	5	6	9	7
8	3	1	7	5	9	2	6	4
6	5	7	2	4	8	9	1	3
2	9	4	1	3	6	7	5	8
9	1	5	6	8	7	3	4	2
7	4	2	3	9	1	5	8	6
3	6	8	5	2	4	1	7	9

164

4	6	9	2	7	3	1	8	5
7	3	1	8	5	4	9	6	2
8	2	5	6	1	9	4	3	7
2	8	4	1	3	6	5	7	9
1	9	3	5	2	7	6	4	8
6	5	7	4	9	8	2	1	3
5	7	6	3	4	2	8	9	1
3	4	2	9	8	1	7	5	6
9	1	8	7	6	5	3	2	4

165

5	2	9	1	3	6	7	8	4
8	1	7	9	4	2	3	5	6
3	6	4	8	7	5	1	9	2
1	8	6	5	2	9	4	3	7
2	9	3	7	6	4	5	1	8
4	7	5	3	8	1	6	2	9
9	3	2	4	1	7	8	6	5
7	5	1	6	9	8	2	4	3
6	4	8	2	5	3	9	7	1

166

3	1	9	2	8	7	4	6	5
2	4	8	1	5	6	3	7	9
5	7	6	3	4	9	8	2	1
1	6	4	9	2	8	7	5	3
9	8	2	7	3	5	6	1	4
7	3	5	6	1	4	9	8	2
4	2	7	5	6	3	1	9	8
6	5	3	8	9	1	2	4	7
8	9	1	4	7	2	5	3	6

167

5	8	2	1	7	3	4	6	9
6	1	3	2	4	9	7	8	5
7	4	9	5	8	6	3	2	1
1	5	4	7	2	8	9	3	6
8	9	7	3	6	5	2	1	4
3	2	6	4	9	1	5	7	8
4	3	8	6	5	2	1	9	7
9	7	1	8	3	4	6	5	2
2	6	5	9	1	7	8	4	3

168

3	2	8	4	1	6	9	7	5
1	7	5	2	9	8	6	3	4
4	9	6	7	5	3	1	8	2
9	1	2	6	8	5	7	4	3
7	5	4	3	2	1	8	6	9
6	8	3	9	4	7	2	5	1
5	4	1	8	7	9	3	2	6
2	6	7	1	3	4	5	9	8
8	3	9	5	6	2	4	1	7

SUDOKU ANSWERS

169

7	2	3	4	6	8	1	9	5
1	8	4	3	5	9	7	6	2
9	5	6	2	1	7	4	8	3
2	1	9	6	7	4	5	3	8
5	6	8	1	9	3	2	4	7
3	4	7	5	8	2	9	1	6
4	7	5	9	3	6	8	2	1
8	3	2	7	4	1	6	5	9
6	9	1	8	2	5	3	7	4

170

1	5	4	6	9	7	2	3	8
9	7	6	3	8	2	5	1	4
2	3	8	4	5	1	7	9	6
7	1	5	8	3	9	6	4	2
6	9	2	5	7	4	3	8	1
8	4	3	1	2	6	9	5	7
3	2	7	9	4	8	1	6	5
5	8	1	7	6	3	4	2	9
4	6	9	2	1	5	8	7	3

171

1	7	9	2	4	6	5	3	8
2	4	5	3	1	8	9	7	6
3	6	8	5	9	7	4	1	2
4	8	7	1	3	9	2	6	5
9	1	6	8	2	5	3	4	7
5	3	2	6	7	4	8	9	1
7	5	4	9	8	1	6	2	3
8	9	3	7	6	2	1	5	4
6	2	1	4	5	3	7	8	9

172

8	2	7	4	3	9	5	6	1
4	1	9	6	7	5	2	3	8
3	5	6	8	1	2	7	9	4
7	6	3	5	9	1	4	8	2
5	8	2	7	6	4	9	1	3
9	4	1	2	8	3	6	5	7
2	9	8	3	5	7	1	4	6
6	7	5	1	4	8	3	2	9
1	3	4	9	2	6	8	7	5

173

2	5	9	6	7	8	1	4	3
8	3	7	9	4	1	2	5	6
4	1	6	5	3	2	8	9	7
1	7	8	2	9	4	6	3	5
5	9	2	3	1	6	7	8	4
3	6	4	8	5	7	9	2	1
7	8	1	4	2	3	5	6	9
9	2	3	1	6	5	4	7	8
6	4	5	7	8	9	3	1	2

174

7	8	3	5	2	6	4	1	9
6	5	4	9	7	1	2	3	8
2	9	1	4	3	8	5	7	6
9	7	8	3	5	4	1	6	2
3	1	5	6	8	2	9	4	7
4	2	6	1	9	7	8	5	3
1	4	9	2	6	3	7	8	5
8	6	2	7	4	5	3	9	1
5	3	7	8	1	9	6	2	4

175

4	6	9	3	8	5	1	7	2
3	1	7	9	2	6	5	8	4
8	5	2	4	1	7	3	6	9
2	4	5	7	3	1	6	9	8
9	7	3	6	5	8	2	4	1
1	8	6	2	4	9	7	5	3
6	3	8	5	9	2	4	1	7
7	9	4	1	6	3	8	2	5
5	2	1	8	7	4	9	3	6

176

2	8	7	5	1	6	4	3	9
1	9	5	4	8	3	6	2	7
3	4	6	2	9	7	1	5	8
9	7	1	8	5	2	3	6	4
4	6	8	1	3	9	2	7	5
5	3	2	6	7	4	9	8	1
8	2	9	7	6	1	5	4	3
7	1	4	3	2	5	8	9	6
6	5	3	9	4	8	7	1	2

SUDOKU ANSWERS

177

8	3	7	2	6	9	5	4	1
6	4	5	7	1	3	9	8	2
1	2	9	5	8	4	7	6	3
3	9	1	6	5	8	4	2	7
2	8	4	1	3	7	6	9	5
7	5	6	9	4	2	3	1	8
4	7	8	3	2	6	1	5	9
5	6	3	8	9	1	2	7	4
9	1	2	4	7	5	8	3	6

178

6	2	9	3	1	5	4	7	8
7	8	5	6	9	4	2	1	3
3	1	4	2	7	8	5	9	6
8	9	2	5	6	7	1	3	4
4	6	7	9	3	1	8	5	2
5	3	1	8	4	2	9	6	7
9	5	3	4	8	6	7	2	1
1	4	6	7	2	9	3	8	5
2	7	8	1	5	3	6	4	9

179

8	4	5	3	2	9	7	6	1
3	2	6	7	1	4	5	8	9
9	7	1	8	5	6	4	2	3
4	5	2	6	3	1	8	9	7
6	9	7	4	8	5	3	1	2
1	3	8	9	7	2	6	5	4
5	8	3	1	9	7	2	4	6
2	6	9	5	4	3	1	7	8
7	1	4	2	6	8	9	3	5

180

1	4	2	9	3	6	5	8	7
8	5	3	4	7	2	1	6	9
7	9	6	1	5	8	2	3	4
9	1	5	3	8	7	4	2	6
6	7	8	5	2	4	9	1	3
3	2	4	6	1	9	8	7	5
4	3	7	2	9	1	6	5	8
5	6	1	8	4	3	7	9	2
2	8	9	7	6	5	3	4	1

181

7	3	2	4	8	5	6	1	9
9	5	4	1	6	3	2	8	7
6	8	1	9	7	2	5	4	3
1	9	8	7	5	6	4	3	2
5	7	3	2	4	1	8	9	6
4	2	6	8	3	9	1	7	5
8	6	5	3	1	7	9	2	4
2	4	7	6	9	8	3	5	1
3	1	9	5	2	4	7	6	8

182

8	1	2	4	5	9	3	7	6
9	4	7	8	6	3	1	5	2
5	6	3	1	2	7	9	8	4
6	2	8	9	3	4	5	1	7
4	5	9	7	1	2	6	3	8
7	3	1	6	8	5	2	4	9
2	9	4	3	7	1	8	6	5
3	8	5	2	4	6	7	9	1
1	7	6	5	9	8	4	2	3

183

7	5	2	9	3	4	8	1	6
1	4	6	8	5	7	2	3	9
3	8	9	2	6	1	7	4	5
5	2	3	7	4	6	9	8	1
8	7	4	1	9	3	5	6	2
6	9	1	5	2	8	4	7	3
2	6	8	3	7	9	1	5	4
4	1	5	6	8	2	3	9	7
9	3	7	4	1	5	6	2	8

184

9	8	5	6	7	2	4	3	1
2	3	4	8	5	1	7	9	6
7	1	6	9	4	3	5	2	8
8	7	2	3	1	5	9	6	4
1	6	3	7	9	4	8	5	2
4	5	9	2	6	8	1	7	3
3	4	8	5	2	7	6	1	9
6	2	7	1	8	9	3	4	5
5	9	1	4	3	6	2	8	7

SUDOKU ANSWERS

185

4	5	3	2	7	6	8	1	9
8	6	1	4	5	9	2	3	7
2	7	9	1	3	8	4	5	6
3	4	2	9	8	7	5	6	1
1	8	6	5	4	3	7	9	2
5	9	7	6	1	2	3	4	8
6	1	5	8	2	4	9	7	3
9	3	8	7	6	5	1	2	4
7	2	4	3	9	1	6	8	5

186

4	1	9	2	6	3	5	7	8
2	3	7	4	5	8	9	6	1
8	5	6	1	9	7	4	3	2
3	7	2	9	4	1	6	8	5
1	8	4	6	3	5	7	2	9
6	9	5	8	7	2	3	1	4
9	4	1	3	2	6	8	5	7
7	6	8	5	1	9	2	4	3
5	2	3	7	8	4	1	9	6

187

6	8	7	1	9	3	2	4	5
5	9	2	6	8	4	3	7	1
4	3	1	2	7	5	8	9	6
9	7	4	5	3	6	1	2	8
3	2	8	9	1	7	5	6	4
1	5	6	4	2	8	9	3	7
8	4	9	7	5	2	6	1	3
2	6	5	3	4	1	7	8	9
7	1	3	8	6	9	4	5	2

188

8	4	7	3	2	9	6	5	1
5	2	6	8	1	7	4	9	3
3	9	1	6	4	5	8	7	2
2	7	5	4	9	8	1	3	6
9	6	8	1	5	3	2	4	7
4	1	3	2	7	6	5	8	9
7	5	2	9	6	4	3	1	8
6	8	4	7	3	1	9	2	5
1	3	9	5	8	2	7	6	4

189

7	6	2	4	8	9	5	3	1
3	4	9	6	5	1	7	2	8
8	1	5	3	2	7	6	9	4
5	2	8	7	9	4	3	1	6
1	9	6	5	3	8	4	7	2
4	3	7	1	6	2	9	8	5
2	8	3	9	4	5	1	6	7
9	7	4	2	1	6	8	5	3
6	5	1	8	7	3	2	4	9

190

9	8	7	6	1	4	3	2	5
4	2	6	9	5	3	8	7	1
5	3	1	2	7	8	9	6	4
2	5	4	8	6	1	7	3	9
1	6	9	7	3	2	4	5	8
8	7	3	5	4	9	6	1	2
7	4	8	3	2	5	1	9	6
3	1	2	4	9	6	5	8	7
6	9	5	1	8	7	2	4	3

191

1	6	7	2	4	8	9	3	5
3	8	4	9	5	6	1	7	2
2	9	5	7	3	1	6	4	8
7	4	9	1	6	5	8	2	3
5	2	3	8	9	7	4	6	1
8	1	6	4	2	3	7	5	9
4	3	1	6	8	2	5	9	7
9	7	2	5	1	4	3	8	6
6	5	8	3	7	9	2	1	4

192

8	6	1	4	2	5	3	9	7
2	7	3	8	9	1	5	6	4
4	9	5	6	7	3	2	8	1
3	8	9	7	4	6	1	2	5
1	4	2	3	5	9	8	7	6
7	5	6	1	8	2	4	3	9
5	2	8	9	6	4	7	1	3
9	1	7	5	3	8	6	4	2
6	3	4	2	1	7	9	5	8

SUDOKU ANSWERS

193

1	2	5	7	6	9	4	3	8
8	6	9	4	1	3	7	5	2
4	7	3	5	8	2	9	6	1
3	9	8	6	5	7	1	2	4
2	5	7	9	4	1	6	8	3
6	4	1	2	3	8	5	9	7
7	8	4	3	9	5	2	1	6
5	3	2	1	7	6	8	4	9
9	1	6	8	2	4	3	7	5

194

3	2	5	9	1	7	8	6	4
8	1	4	6	3	2	5	7	9
7	6	9	5	8	4	1	2	3
2	3	8	1	6	9	4	5	7
5	7	6	4	2	3	9	1	8
9	4	1	8	7	5	6	3	2
1	5	2	3	9	8	7	4	6
6	9	3	7	4	1	2	8	5
4	8	7	2	5	6	3	9	1

195

2	1	6	9	7	3	4	5	8
5	7	4	6	8	1	2	3	9
8	9	3	2	4	5	7	1	6
7	3	5	8	6	2	9	4	1
9	2	1	3	5	4	6	8	7
4	6	8	7	1	9	5	2	3
1	5	9	4	3	6	8	7	2
3	8	2	5	9	7	1	6	4
6	4	7	1	2	8	3	9	5

196

6	4	2	3	8	5	9	7	1
5	1	9	7	4	6	3	2	8
7	8	3	2	9	1	5	4	6
1	3	8	9	7	2	6	5	4
4	9	6	5	1	3	7	8	2
2	7	5	4	6	8	1	3	9
3	6	1	8	2	7	4	9	5
8	5	4	1	3	9	2	6	7
9	2	7	6	5	4	8	1	3

197

8	1	2	9	3	7	6	5	4
4	5	7	2	6	8	1	9	3
3	6	9	5	4	1	8	2	7
2	4	1	7	8	9	5	3	6
5	7	6	3	1	2	4	8	9
9	3	8	4	5	6	7	1	2
7	8	4	1	9	3	2	6	5
6	2	3	8	7	5	9	4	1
1	9	5	6	2	4	3	7	8

198

9	2	4	8	6	3	7	5	1
3	5	6	1	7	2	4	9	8
1	8	7	9	5	4	6	3	2
7	9	2	3	8	5	1	4	6
4	3	5	6	1	7	2	8	9
6	1	8	2	4	9	5	7	3
2	4	3	7	9	6	8	1	5
5	6	1	4	3	8	9	2	7
8	7	9	5	2	1	3	6	4

199

5	1	7	8	2	4	9	6	3
3	8	9	5	6	7	1	4	2
4	6	2	3	1	9	7	8	5
9	2	5	6	7	3	8	1	4
8	7	1	2	4	5	3	9	6
6	3	4	1	9	8	5	2	7
1	9	6	7	3	2	4	5	8
2	5	3	4	8	1	6	7	9
7	4	8	9	5	6	2	3	1

200

3	4	1	9	6	8	7	2	5
8	9	5	7	3	2	1	6	4
6	2	7	1	4	5	9	8	3
9	7	3	5	8	6	4	1	2
4	1	6	3	2	7	8	5	9
5	8	2	4	1	9	3	7	6
7	3	9	2	5	1	6	4	8
2	6	4	8	7	3	5	9	1
1	5	8	6	9	4	2	3	7

KAKURO
ANSWERS

KAKURO ANSWERS

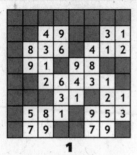

1

2

3

4

5

6

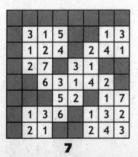

7

8

KAKURO ANSWERS

9

	6	2			1	2	4
9	7		1	3	5	2
	8	9	6		3	1
		8	2	3		
2	1		3	1	2	
3	2	1	4		4	1
9	4	2			1	3

10

6	8	9			3	1
8	9	5	7		1	2
9	7		9	7	4	
		7	8	9		
	2	9	6		1	2
1	4		4	2	5	1
3	1			1	6	3

11

1	3			7	8	
2	1	4		9	5	7
		5	1		7	9
	6	7	4	8	9	
7	9		2	7		
2	8	7		3	2	1
	7	9			1	3

12

	2	3		3	1	4
2	4	1		4	2	1
1	3		2	1		
	1	4	6	2	3	
		1	3		2	1
1	2	3		7	6	3
4	1	2		9	8	

13

6	9	8		7	1	
3	7	9		9	6	8
		7	9		8	9
	1	6	3	2	4	
1	2		2	1		
3	4	2		3	2	1
	3	1		5	4	2

14

3	1			7	9	
1	2	8		9	6	8
		7	6		1	3
	4	3	2	1	5	
3	1		9	8		
1	2	4		7	8	9
	3	1			9	7

15

7	9			9	8	
9	8		8	7	5	9
	2	1	4		9	7
		3	9	1		
7	3		7	2	5	
9	7	8	6		9	7
	1	3			8	9

16

	9	2			1	2
2	4	1		2	3	1
1	3		8	9		
	8	4	9	7	6	
	6	1			9	7
2	1	9		6	8	9
1	3			9	7	

KAKURO ANSWERS

17

3	7	4		1	2	4
2	1	3		3	4	9
		1	2		3	1
	5	2	3	4	1	
9	7		1	3		
6	8	9		1	9	3
8	9	7		2	5	1

18

	8	9		6	1	3
9	6	8		2	4	1
7	9		6	5		
	7	9	8	4	6	
		7	9		9	7
8	9	6		6	8	9
4	7	8		2	7	

19

2	1			1	4	7
1	3		5	3	2	1
4	2	3	1		1	3
		2	4	1		
1	3		2	3	4	1
2	4	1	3		7	3
4	8	3			9	7

20

8	9			3	1	
1	8	4		1	4	2
		1	2		8	9
	5	2	4	1	3	
9	7		1	3		
5	8	1		2	1	4
	9	2			3	1

21

2	1		8	9			3	1
1	3		9	7	8		1	2
4	2	3	1		6	3	2	4
	5	7			7	1	5	
		2	1		9	6		
	1	9	4			7	8	
1	2	5	3		2	8	9	6
2	8		2	1	4		5	8
3	9			3	1		7	9

22

9	7	6	8			1	3	
5	8	7	9		2	1		
	9	8		1	4	5	7	2
		4	1	2			3	1
	6	9	8		7	2	4	
7	1			8	9	6		
9	7	4	8	6		3	1	
	2	9		1	7	4	2	
	1	6		3	5	2	1	

23

	1	3	2			1	2	
5	1	3	2		3	1	2	
3	2		3	1		7	9	
		1	4	2	6		9	8
	2	3	1		1	2	3	
9	6		6	8	7	9		
8	1			9	5		7	9
7	4	2			9	7	1	6
	3	1				9	6	8

24

	3	1			8	9	6	
6	2	1		6	7	2	4	9
7	5	8	9			1	2	6
9	3		1	4		3	1	
		5	3	2	1	4		
	3	1		1	3		2	1
1	2	3			2	1	3	4
2	6	4	3	1		2	1	3
		2	1	4			4	9

KAKURO ANSWERS

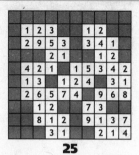

25

26

27

28

29

30

31

32

KAKURO ANSWERS

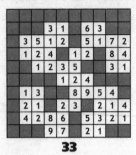

33

34

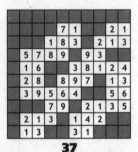

35

36

37

38

39

40

KAKURO ANSWERS

	1	2	5	3			9	7	
	6	4	2	1		9	6	8	
		1	3		6	7	8	9	
			1	2	4			3	1
	1	6		1	7	9		1	2
	9	7			8	7	2		
		8	5	1	9		1	2	
		4	1	2		2	3	1	4
		9	2			5	7	8	9

41

		1	2	3		8	6		
	7	4	8	9		6	9	8	2
	3	2		2	3	1		9	7
	1	3			6	9	8		
			3	6	1	4	2		
			1	4	2			9	8
	3	1		7	4	9		7	9
	1	2	9	8		7	9	8	6
			7	9		8	7	5	

42

	4	2			3	1		8	9
	2	3	1		5	2	8	6	7
	5	4	2	3	1		7	9	
	3	1		7	2	1	6		
			8	6		2	9		
			7	8	9	5		7	1
		1	5		7	3	9	8	5
	8	4	9	7	6		8	5	2
	9	7		9	8			9	3

43

	7	9		1	6		3	1	
	9	8		3	9	2	1	5	
		6	7	5	8	9		3	4
			4	2			6	4	2
	8	6	9				3	2	1
	3	2	1			4	1		
	1	3		4	6	3	2	1	
		4	7	9	8	6		9	8
		1	3		9	7		7	9

44

	1	3	2		1	4			
	2	1	4		3	2	1	5	
			3	9		1	3	2	4
		5	7	8	9			1	2
	2	1		6	7	5		3	1
	1	3			8	9	5	7	
	4	2	3	1		1	8		
		4	9	3	8		9	3	8
				7	9		4	1	2

45

			1	3		2	1	4	
	1	3	2	4		5	3	1	2
	2	1		2	1	4		3	1
			9	1	3		6	2	
			8	6	7	9	5		
		8	6		8	7	9		
	9	7		8	9	6		9	6
	8	6	7	9		8	6	7	2
		3	8	6		5	1		

46

		2	1		2	9	8		
		5	2		1	2	3	6	4
	1	3	4	2			6	8	9
	2	1		1	3		7	9	
			8	4	7	6	9		
		9	7		8	9		8	9
	2	6	4			8	6	9	7
	6	8	5	7	9		9	7	
			9	8	7		8	3	

47

		1	3		1	3	2	5	
		2	1		2	1	4	7	
	7	5	8	9			6	8	9
	1	3		3	1		8	9	7
			6	7	4	8	9		
	8	9	4		2	9		8	9
	1	4	2			6	8	9	7
		2	1	4	3		1	6	
		1	3	2	5		4	7	

48

49

50

51

52

53

54

55

56

KAKURO ANSWERS

57

58

59

60

61

62

63

64

KAKURO ANSWERS

65

66

67

68

69

70

71

72

KAKURO ANSWERS

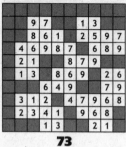

73

74

75

76

77

78

79

80

KAKURO ANSWERS

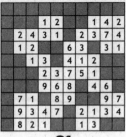

81

82

83

84

85

86

87

88

KAKURO ANSWERS

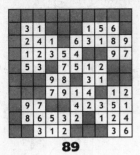

89

90

91

92

93

94

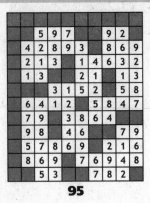

95

96

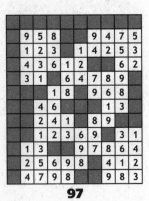

97

98

99

100

KAKURO ANSWERS

101

102

103

104

105

106

KAKURO ANSWERS

107

108

109

110

111

112

KAKURO ANSWERS

113

114

115

116

117

118

KAKURO ANSWERS

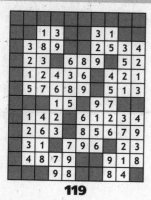

119

120

121

122

123

124

KAKURO ANSWERS

125

```
2 4 1 3 6 . . 8 7
4 7 6 9 8 . 9 6 8
. 2 4 1 . 5 7 4 6
1 3 . 2 7 9 4 1
2 1 . . 9 8 6 .
. 5 6 3 . 7 8 5
. . 7 1 2 . 6 1
. 3 8 2 6 1 . 9 7
6 8 9 5 . 2 1 4
1 2 4 . 6 5 7 8 9
3 1 . . 1 3 2 7 8
```

126

```
. . 9 3 8 . 9 8 .
8 3 7 2 1 . 7 5 1
7 5 . 1 3 8 . 7 2
9 2 8 . 2 1 4 6 3
. 1 3 . . 7 8 9 5
. . 6 1 . 9 7 . .
1 2 5 3 . . 9 7 .
8 6 9 4 7 . 5 9 6
3 1 . 2 3 1 . 5 7
2 4 7 . 6 4 7 8 9
. 3 1 . 1 2 3 . .
```

127

```
. 7 9 4 . . 3 1 2
3 6 4 2 1 . 1 2 4
1 3 . 3 5 9 . 3 1
7 5 9 1 . 7 6 5
9 8 6 5 . 8 4 .
. 9 8 . . 9 5 .
. . 7 9 . 7 8 4 2
. 3 2 6 . 6 3 2 1
5 7 . 8 7 9 . 7 4
6 8 9 . 4 8 2 1 3
8 9 7 . . 4 1 3
```

128

```
1 4 2 . 3 1 . . .
9 6 5 . 5 4 2 9 3
5 8 7 9 . 2 3 5 1
8 9 . 8 1 . 5 8 2
. 7 9 . 2 4 1 6 .
. . 6 9 5 8 4 . .
. 2 5 1 3 . 7 9 .
1 5 8 . 4 8 . 7 1
2 3 4 1 . 9 7 8 5
5 4 7 8 9 . 8 6 9
. . . 2 7 . 9 4 3
```

129

```
9 5 2 1 . . . 9 8
7 4 3 2 1 . 1 2 7
4 2 1 . 2 5 3 1 4
8 1 . 6 4 7 . 7 9
. . 8 5 . 6 2 3 .
. . 9 7 . 3 1 . .
. 1 6 3 . 9 4 . .
1 2 . 9 7 8 . 9 3
6 5 7 8 9 . 8 5 2
2 3 8 . 8 9 6 7 4
3 4 . . 7 9 8 1
```

130

```
9 6 8 . 1 2 3 4 7
8 3 2 . 7 5 6 9 8
7 5 9 . 3 1 . 7 9
5 1 . 9 6 3 7 8
. 2 1 7 . 4 9 .
. 4 3 . . 3 1 .
. . 2 6 . 9 8 7 .
. 8 4 9 6 7 . 2 1
8 9 . 7 1 . 2 3 4
1 7 8 4 2 . 1 4 2
6 5 9 8 7 . 3 5 6
```

KAKURO ANSWERS

131

1	4	2			7	1	2	3
7	6	5	1		9	8	6	7
5	7	3	2	4	1		8	9
9	8		3	1		2	1	
3	9	4		2	8	9	3	
		2	1		9	7		
	2	1	3	4		1	2	4
	5	3		1	8		1	7
9	3		1	2	6	3	4	5
6	1	2	3		9	1	3	8
7	6	9	5			8	6	9

132

3	1	7			1	2	5	3
1	2	4		6	4	7	8	9
		5	4	1	2			
1	3		2	7	3	5	1	4
4	7	9	3		5	9	4	7
6	9	8				7	3	5
3	8	6	9		1	8	6	9
2	1	7	3	5	4		9	8
			7	8	2	9		
7	2	8	6	9		6	9	8
9	8	7	5			8	7	9

133

	1	3			9	6	8	
9	2	5	1		7	8	9	5
4	3	6	2	1		4	2	1
8	9	7		4	3	1	6	2
	7	8		2	1		7	3
		9	8		2	8		
3	9		7	9		3	2	
1	4	3	2	6		5	1	2
2	8	9		8	1	9	6	4
4	7	8	9		2	6	3	1
	2	7	4			7	9	

134

	4	2	1		6	2		8	1
	2	1	3		8	7	2	6	4
	1	5		7	9		8	9	6
	5	3	8	9			1	4	2
			2	6	1	7		5	3
			6	8	7	9	4		
2	1		4	2	3	1			
4	2	1			8	3	5	9	
5	4	2		2	1		1	3	
3	6	7	9	4		2	4	8	
1	3		3	1		1	3	2	

135

1	2	3			3	8	5	
2	5	1		2	1	6	3	4
	7	4	8	9		7	1	2
1	4	2	9		8	9	7	5
3	9	5		2	5		6	1
			2	4	1			
3	1		3	1		1	4	2
9	2	5	1		1	2	6	8
8	6	9		8	4	3	7	
7	3	8	6	9		4	9	7
	4	7	9			6	8	9

136

3	8	9			8	7	9	
5	7	8	9		1	2	6	8
2	4	3	7	1	5		7	1
1	6	4		6	7	4	8	9
4	9		9	8		1	3	2
		6	7		9	2		
6	9	8		9	7		3	1
2	6	9	5	8		8	9	6
1	3		3	5	1	7	4	2
3	8	2	1		3	9	1	5
	7	9	2			6	2	3

137

	5	9				2	4	1
9	6	7			7	1	3	4
6	2		7	1	8	4	6	
8	7	9	6	4	5		2	7
	1	3	5	2		7	1	9
		7	9		8	9		
2	4	1		2	3	8	1	
1	3		1	3	4	5	2	6
	8	9	5	1	6		7	9
3	1	7	2			9	6	8
1	2	4				8	4	

138

		2	3	6			8	9	
	2	4	1	8	3		1	2	7
	3	5		7	1	2	3	4	5
	1	3		9	8	6		1	8
		1	8			5	7	8	9
			9	7		8	9		
3	1	6	2				8	1	
9	7		1	2	4			2	3
7	6	8	9	3	5			3	1
8	2	1		1	9	7	4	5	
	8	9			8	9	6		

139

	9	6			9	6	8	1
1	4	2		5	7	8	9	4
2	5	3	6	1			6	2
3	8		8	2	1	3		
5	7	8	9		2	1		
4	6	9				8	6	5
		7	9		3	7	9	8
		3	8	7	1		7	9
7	9			4	2	1	5	3
2	6	3	7	1		2	4	1
5	8	7	9			4	8	

140

	2	1	4			5	1	4
7	4	3	9		4	3	2	1
8	3		8	7	6	9	3	5
5	1			9	8		7	3
9	6	8			7	8	4	9
		9	7		9	7		
9	4	6	5			6	7	8
3	1		1	3			1	2
7	6	5	8	9	3		3	1
8	2	1	3		1	3	2	7
6	3	2			2	1	4	

141

	6	9	8			8	6	9
	4	2	9	1		1	3	7
	1	3		2	9	1	4	5
	2	5	1	3	7	4		1	3
	3	8	4			6	5	8	9
			2	1		2	1		
	7	9	5	8		2	1	4
	9	6		2	1	5	3	4	7
		7	2	5	6	8		7	9
	2	4	1			1	9	8	6
	9	8	7			7	9	8

142

		5	7	2	1			3	6
	6	8	9	7	4		9	6	8
	9	7		5	2	1	3	4	7
	8	4	9			4	1	2	9
		1	8		6	7		1	3
			6	8	3				
	6	8		4	9		1	3	
	4	1	2	3			2	1	4
	7	3	4	2	1	5		4	8
	8	9	7		3	6	7	8	9
	9	7			2	8	9	7	

KAKURO ANSWERS

143

2	1		9	2			3	1
3	6	9	8	5	7		8	2
1	3	2	5		5	1	9	4
		1	7	8	2	3		
9	8	7		4	1	2	9	
7	9		2	1	3		5	3
	6	7	8	5		2	4	1
		4	6	2	3	1		
1	6	3	4		7	6	9	8
4	8		7	9	5	3	8	6
7	9			3	1		7	9

144

		1	2		7	4	9	1	
7	2	8		5	1	6	2		
5	3	1	2		3	8	5	2
9	4		1	3			3	1
8	6	9		6	9	8	4	7
		8	3	4	7	5		
8	3	7	1	2		3	1	2
9	8			1	8		2	8
7	4	9	6		5	6	9	7
	1	8	2	7		8	6	9
	6	7	8	9		9	7	

145

	4	1	2			8	6	
1	6	3	4	8		9	8	
7	9		7	9		6	7	2
6	8	9			5	2	3	1
5	7	8	9	6	4		9	3
		6	4	2	1	3		
2	9		6	4	2	1	3	5
5	7	9	8			2	1	4
1	5	2		3	1		4	8
	8	4		4	2	1	6	9
	2	1			4	3	2	

146

2	9	1		1	5	3	2	4
4	8	9		5	6	7	1	2
1	3		9	8	7		5	7
	6	7	8	4	9		3	1
	5	2	6		8	9		
	7	9				1	3	
	1	6		1	2	5		
3	1		8	6	2	7	9	
5	2		9	8	4		7	2
6	5	8	7	9		7	8	9
7	3	9	1	2		9	6	8

147

		9	7	8			6	1
	5	7	3	9	8		8	2
3	6	8	4		6	7	9	8
4	7		1	3	4	6		
1	3		2	1		9	1	3
6	8	9				8	2	1
2	9	7		3	1		7	9
		8	7	9	2		3	7
6	3	2	8		3	2	4	8
8	9		9	1	4	8	5	
9	7			8	6	9		

148

9	8	6				2	8	4
8	5	2			7	1	6	3
7	1		6	8	9		9	8
	4	6	7	9		1	4	2
	1	3		2	3	7	1	
	7	9	8		8	2	5	
7	2	5	9		9	8		
4	1	2		1	3	4	2	
6	4		1	2	4		4	9
8	5	9	3			8	3	6
9	3	7				4	1	2

KAKURO ANSWERS

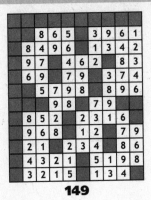

149

150

151

152

153

154

KAKURO ANSWERS

155

156

157

158

159

160

KAKURO ANSWERS

161

162

163

164

165

166

KAKURO ANSWERS

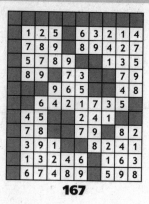

167

	1	2	5		6	3	2	1	4
	7	8	9		8	9	4	2	7
	5	7	8	9			1	3	5
	8	9		7	3			7	9
			9	6	5			4	8
		6	4	2	1	7	3	5	
	4	5			2	4	1		
	7	8			7	9		8	2
	3	9	1			8	2	4	1
	1	3	2	4	6		1	6	3
	6	7	4	8	9		5	9	8

168

	7	4	9		1	2	4		
	9	6	8		3	5	9	8	4
		2	1	4			7	1	
	1	3	4	5		8	5	6	
	2	1		3	7	8	6	9	
		7	2	8	6	9			
		3	6	1	2	4		1	2
	8	6	9			7	8	6	9
	4	1			9	1	2		
	9	8	2	6	7		6	3	5
		6	8	9		9	5	7	

169

	8	9	6			9	7	6
	1	5	2		3	6	5	1	2
	3	8		2	1	4		2	3
	2	6	3	1	5			3	5
			9	8			2	4	1
		9	8	3		3	1	5	
	9	5	6		1	4			
	2	6		6	5	7	8	9	
	4	7		1	8	2		1	8
	1	4	7	2	3		3	6	7
	6	8	9			1	2	4

170

	6	5	9	8		1	5	
	5	2	7	4	9		5	9	3
	9	3		6	7	4	8	9	
	1	6	2	3	4		7	8	
	8	1	5	9		3	1		
	4	1	9		9	6	2		
	9	7		2	7	9	6		
	6	2		1	8	7	2	9	
	8	3	6	4	9		1	8	
	7	4	1		1	2	3	4	6
	5	9		1	2	5	9	

171

	6	8	9			1	2	4
	2	9	7	3	1		3	1	8
	3	7		8	2	9		5	7
	1	3		5	3	6	7	8	9
		6	1		2	1	3		
		2	1		8	9			
		4	5	8		2	3		
	3	5	6	7	8	9		2	7
	1	2		3	1	4		6	8
	2	3	1		2	5	7	1	4
	4	1	5			6	4	9

172

		6	8	9			4	2	1
	3	1	9	7	6		8	7	9
	9	2	7		9	3		8	4
	6	3		4	8	1	6	9	
	8	4	7	5		5	7		
		2	3		6	9			
		9	7		2	8	6	9	
		1	6	2	3	4		3	8
	1	3		1	9		1	2	6
	5	9	3		7	2	3	1	5
	2	4	1			1	4	8

KAKURO ANSWERS

173

	2	4	1		2	9	8	7	
	4	8	3		3	6	2	1	
8	3	9		3	4	8	1		
5	1	2	9	4			3	2	
7	6		1	2	5	3	4	6	
		5	4		7	1			
6	5	9	7	4	8		7	9	
9	7			7	9	4	5	6	
	2	8	6	1		6	9	8	
1	4	9	8		1	2	4		
3	8	7	9		3	9	8		

174

		4	3	2	6		9	7
	3	2	1	5		6	9	
1	2	6	5	3		2	8	4
5	4		9	5	8	4		
	3	7	1		5	3	1	2
9	6	8			5	3	1	
7	1	9	8		5	1	2	
	5	2	1	4		4	2	
1	6	2		9	7	4	6	8
9	8		9	6	8	2		
7	9		5	8	9	7		

175

		2	4		4	1	3	2
	2	1	5		5	3	7	4
2	4		8	9	6		9	5
5	9	8		6	1	5	8	3
1	3	7			2	3	4	1
		6	2		3	9		
1	6	5	4			8	5	6
2	4	1	3	5		7	9	8
5	9		5	9	1		7	9
6	8	9	7		6	9	8	
3	7	6	1		2	7		

176

		9	7	4			9	8
8	5	3	1		8	7	6	
5	1		8	6	9		2	4
9	8	5	3	7	6		9	8
7	2	6		8	7	3	5	9
		3	5		4	2		
7	3	2	1	8		1	4	9
9	4		7	9	6	4	5	8
3	1		3	7	1		1	5
	6	9	8		9	8	3	7
	2	7			7	1	2	

177

	7	1		4	1	3		1	2
5	3	4	1	2	7		3	1	
8	6	9	5	3		3	2	4	
9	4			6	8	9	7		
	7	6	5		7	6	4		
		9	7		4	8			
	6	8	9		9	7	8		
	1	7	2	3			9	1	
1	2	5		1	8	7	6	3	
7	3		1	2	6	3	4	5	
9	4		2	8	9		7	6	

178

		2	1	3		6	9	8	
8	7	4	9		1	3	2	7	
7	9	6		3	7	8	6	9	
9	5	3	8	2		7	3		
3	1		4	1		6	1		
		7	9		9	5			
	1	3		8	5		4	9	
	2	5		9	8	7	6	5	
2	3	6	5	1		4	2	3	
7	5	8	9		9	8	3	7	
	4	9	7		7	3	1		

KAKURO ANSWERS

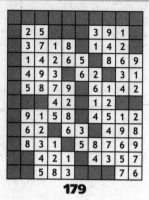

179

180

181

182

183

184

KAKURO ANSWERS

185

5	7		3	1		7	9
1	3	5	7	2		4	2	8
	8	7	9	5	6		7	9
1	4	9			2	7	1	6
4	5	2			1	3		
8	9	6	7		3	5	1	4
		8	1			4	3	1
7	6	4	2			8	2	9
9	5		4	7	5	9	6	
2	1	4		9	2	6	4	7
	2	3		3	1		8	9

186

	9	8	6		1	4	2	
2	3	9	1		2	8	7	1
5	8		5	7	8	9	6	3
1	7		4	1			9	7
3	4	1	2			5	8	2
		7	3		2	3		
4	2	5			4	7	2	6
9	1			1	8		3	8
8	7	5	6	3	9		4	9
6	3	1	2		5	2	1	7
	9	2	8		7	9	6	

187

	2	1	3			9	7	
4	5	1	7	3		8	9	7
1	6		5	2	4	6	1	3
3	4	6		7	9		6	9
		7	2	1	3		4	8
	2	8	1		1	3	8	
3	1		5	4	2	8		
9	7		7	9		9	6	2
5	3	4	6	1	2		3	1
7	6	9		7	9	3	8	5
	4	8			1	9	8	

188

9	7		6	8	9	4		
6	3		4	3	5	2	1	
8	6	3	1	2		9	8	7
	8	4	2	9			4	1
3	4	1		4	7	6		
5	9	2	7		9	4	3	1
		6	9	8		9	2	5
1	4			9	6	8	4	
7	8	9		4	3	7	1	2
	5	2	3	6	1		5	7
	4	9	5	2		6	1	

189

	2	7	9		4	9	5	8	7
4	9	8		2	1	4	3	8
1	3		5	1	3		2	9
	1	6	7	9		1	5	
		8	9			2	1	4
9	6	7	8		5	9	4	8
2	1	3			7	8		
	5	9		1	9	7	6	
5	2		9	7	6		4	8
8	4	7	6	9		1	2	7
9	3	5	8	2		3	7	9

190

	8	5	9			8	5	7	9
3	4	5		5	6	2	9	8
	3	7	1	2			3	1
	7	8	5	6	9			
9	6			6	9	4	8	
5	1	2	9		8	7	5	9
1	2	3	5			1	6	
		7	9	8	3	6		
3	1		7	1	2	3		
7	4	8	9	6		9	8	7
1	2	3	6		5	2	1	

KAKURO ANSWERS

191

192

193

194

195

196

KAKURO ANSWERS

197

198

199

200